Neulich in Berlin

Torsten Harmsen

Neulich in Berlin

Kurioses aus dem
Hauptstadt-Kaff

berlin edition im
be.bra verlag

Bibliografische Information der Deutschen Nationalbibliothek
Die Deutsche Nationalbibliothek verzeichnet diese Publikation
in der Deutschen Nationalbibliografie; detaillierte bibliografische
Daten sind im Internet über http://dnb.d-nb.de abrufbar.

Alle Rechte vorbehalten.
Dieses Werk, einschließlich aller seiner Teile, ist urheberrechtlich geschützt.
Jede Verwertung außerhalb der engen Grenzen des Urheberrechtsgesetzes ist
ohne Zustimmung des Verlages unzulässig und strafbar. Das gilt insbesondere
für Vervielfältigungen, Übersetzungen, Mikroverfilmungen, Verfilmungen und
die Einspeicherung und Verarbeitung auf DVDs, CD-ROMs, CDs, Videos, in
weiteren elektronischen Systemen sowie für Internet-Plattformen.

© berlin edition im be.bra verlag GmbH
Berlin-Brandenburg, 2018
KulturBrauerei Haus 2
Schönhauser Allee 37, 10435 Berlin
post@bebraverlag.de
Lektorat: Robert Zagolla, Berlin
Umschlag: Manja Hellpap, Berlin (Illustrationen: Nina Pagalies)
Satz: Zerosoft
Schrift: DTR Documenta 9,5/14pt
Druck und Bindung: CPI Clausen & Bosse, Leck
ISBN 978-3-8148-0231-2

www.bebraverlag.de

Neulich ...

... an der Ampel
Statt eines Vorworts

Es ist tiefe Nacht, und ich stehe an der Ampel. Sie zeigt Rot an. Weil nur in weiter Ferne das Licht eines Autos zu sehen ist, gehe ich rüber. Plötzlich schimpft ein Mann: »Typisch. Ham alle keene Ruhe!«

Det is Berlin!, denke ich. Berliner müssen immer das Verhalten anderer kommentieren, und sei es mitten in der Nacht. Sie gehen muffelnd durch den Tag, geben schräge Antworten, sind oft witzig, aber eigentlich nicht richtig humorvoll. Denke ich.

Doch Moment mal, da fällt mir ein: Ich bin ja auch ein Berliner. Und ich glaube, eigentlich ganz nett zu sein. Geb' mir jedenfalls Mühe. Aber wer ist denn dann ein typischer Berliner? Gibt es so etwas überhaupt? Ich will das unbedingt wissen – auch für meine kleinen Geschichten in der *Berliner Zeitung*, die ich wöchentlich schreibe.

Das große Rätsel vom typischen Berliner haben schon viele zu lösen versucht. »Der Berliner ist meist aus Posen oder Breslau und hat keine Zeit«, schrieb Kurt Tucholsky vor hundert Jahren. Heute kommt »der Berliner« aus Leipzig, Stuttgart, Köln und Bremen, aus Wien, London, Paris und New York – und hat noch immer keine Zeit. Spätestens seine Kinder sehen sich als echte, eingeborene Berliner. Was aber ist dabei wirklich typisch?

Wenn ich darüber nachdenke, fallen mir vor allem zwei Berlinerinnen ein. Und zwar meine Großtanten, die leider schon lange tot sind. Sie wohnten in Köpenick in einer Wohnung, die man gebückt betreten musste, weil die Tür so niedrig war. Sie sprachen noch jenen alten Berliner Dialekt, den man heute kaum noch kennt. »Na, Fejjjner, kommste ohm' bei Mutti'n?«, hieß es, wenn der Kater durch die Tür huschte. Das nachgehängte N war typisch, genauso wie eine gewisse Weichheit in den Worten und das Ignorieren der Fälle: »Jib die Mutti mal den Jroschen! Wat, det is Vati'n seina?«

Das, was meine Großtanten so einmalig machte, war kein krittelndes Gemecker, sondern eine Mischung aus Naivität, Herzlichkeit, Hilfsbereitschaft und Pragmatismus. Sie konnten sich so ursprünglich und fast kindlich freuen, wie ich es später nie mehr erlebt habe.

Als ich ihnen als Junge mal ein selbstgemaltes Bildchen schenkte, riefen sie, in die Hände klatschend: »Nee, ist det scheen! So richtich scheen jemalen! Da haste uns aba 'ne jrooße Freujjjde jemacht!« Bis heute staune ich über diese Fähigkeit, sich derart zu freuen – egal worüber. Ob es nun »wat Selbstjemalnet« oder »'n kleena Blum'topp« war.

»Glaubst du«, sage ich am nächsten Tag zu meiner Kollegin in der Redaktion, »je mehr ich über das Berlinische nachdenke, desto mehr verschwimmt es. Ganz seltsam. Die letzten, die ich noch als echte Berliner Originale kennengelernt habe, sind längst tot: meine beiden Großtanten.«

Meine kluge Kollegin erwidert: »Und die beiden Großtanten hatten vielleicht selber Großtanten, von denen sie behaupteten, sie seien die einzigen echten Berliner, die sie kannten.« Sie nippt an ihrem Kantinenkaffee.

»Ja«, entgegne ich, »und deren Großtanten hatten dann wieder Großtanten … Das kann man ewig fortsetzen, und am Ende kommt raus, dass es gar kein typisches Berlin gibt, weil sich ständig alles ändert.«

»Kann sein«, sagt meine Kollegin und zuckt mit den Schultern. Ihr ist das sicher alles egal, denn sie kommt aus Dresden. Ich aber muss für mich Antworten finden.

Was ist das Typische am Berliner?

Ist es vielleicht die Sprache?

Zu Hause blättere ich in einem Buch, das eifrige Forscher verfasst haben. Es geht darin um das Berlinische. Ich erfahre, dass Schüler um 1880 in heutigen Berliner Kerngebieten wie Marienfelde, Tempelhof und Steglitz noch Niederdeutsch, also Platt, gesprochen haben. Ich lese, wie unterschiedlich die Leute damals redeten, oft nur wenige Kilometer voneinander entfernt. In der damals noch recht kleinen Stadt Berlin hieß es etwa: »Steck man Kohlen in'n Ofen rin, det de Milch balle kocht.« – In Biesdorf: »Duhe Koahlen in den Kachelah'n, det die Melk balle an to kochen fangt.« – In Müggelheim: »Du Kule in den Uwe, dass die Milch bal an zu koche fang.«

Jetzt weiß ich, dass es überhaupt nichts Beständiges gibt in dieser Gegend, die sich Berlin nennt. »Wie kann ich ein überzeugendes Bild von einer Stadt zeichnen, die man gar nicht richtig fassen kann, weil sie sich ständig ändert und weil sie jeder anders sieht?«, frage ich meine Frau.

»Hör mal«, sagt sie. »Wir beide kommen aus völlig unterschiedlichen Welten, du aus Köpenick, ich aus Friedrichshain. Wir haben uns trotzdem zusammengerauft. Ein Glücksfall, klar. Aber du kannst es eben nicht allen recht machen.« Und sie rät mir, auf meinen inneren Berliner zu hören. »Denk an deine Großtanten«, sagt sie. »Ist nicht auch schon dein Opa hier geboren? Hast du nicht eine über 80-jährige Tante, die in Lichtenberg wohnt und Ur-Berlinerin ist? Bist du nicht von lauter Berlinern umgeben? Schreib doch einfach darüber, wie du lebst, wie du Berlin siehst und fühlst«, sagt meine Frau. »Wie ich dich kenne, hast du ja ohnehin zu allem deine Meinung!«

Stimmt, denke ich.

Und so versuche ich es nun jede Woche wieder neu. Die Texte dieses Bandes stammen aus mehreren Jahren und standen zum Großteil als Kolumne in der *Berliner Zeitung*. Ich wünsche den Lesern viel Spaß. Und Nachsicht. Denn die Sicht auf Berlin – das ist nun mal eine sehr subjektive Sicht. Und wird es wohl immer bleiben.

Torsten Harmsen
Berlin, im Januar 2018

Neulich ...

... vor dem Zigarettenladen

Manchmal stelle ich mir vor, mein Opa käme für einen Tag zurück. Er wurde 1904 in Cöpenick geboren – mit C, wie man es damals noch schrieb – und wäre jetzt also uralt. Ich sehe uns beide durch die heutigen Straßen gehen. Mein Opa wäre sicher sehr neugierig darauf, wie sich die Welt entwickelt hat, die er 1980 verlassen musste.

Gleich um die Ecke hat zum Beispiel ein E-Zigarettenladen aufgemacht: »Die Grüne Lunge«. Mein Opa, einst leidenschaftlicher Raucher, würde fragen: »Wat is'n det?« – Ich würde sagen: »Ein Geschäft, wo man Zigaretten kaufen kann, die keine sind.« – »Wie?« – »Na, du rauchst keinen Tabak mehr, sondern verdampfst 'ne Flüssigkeit« – »Keen Tabak? Quatsch! Komm, lass ma' mal kneisten!« Also gucken.

Mein Opa würde durch die Scheibe in den Laden blicken. »Wat, Bäume und Jrünzeuch an de Wände? Wat sind'n det for Fisimatenten? Wenn ick Blümeken sehen will, jeh ick in Jarten.« Er würde das E-Zigaretten-dampfende Paar auf dem Plakat erblicken. »Sieht aus, als ob se an Kugelschreiber nuckeln. Det hat doch mit Roochen nüscht zu tun.«

Mein Opa war der typische Vertreter einer Generation von Rauchern. Ständig klebte ihm die Kippe an der Lippe. Als Kind erlebte ich Berlin als qualmende Stadt. Tausende Schornsteine rauchten auf den Dächern. Unermüdlich tätige Fabrikschlote galten noch in den 60er-Jahren als Symbole des Fortschritts. Und auch die Menschen rauchten. Gequalmt wurde überall: in

Gaststätten, auf Sitzungen und Familienfeiern. Der Rauch drang tief ins Berlinische ein. Man zog am »Jlimmstengel«, am »Sarchnarel«, an der »Fluppe«, am »Stumpen«. Die Tätigkeit selbst hieß »quarzen«, »eene durchzieh'n«, »eene inhalier'n«, »de Luft vabessan«, »den Krebs fütta'n«, wie ein Bekannter sagte. Leider hat sein Körper das allzu wörtlich genommen.

Bis heute fallen Sprüche wie: »Et roocht glei' im Karton!« oder »Wenn de nich uffpasst, wirste uffjeroocht!«

Nein, ich heule jener qualmreichen Zeit nicht hinterher. Zugleich finde ich das Grüne-Lunge-Flair der heutigen Als-ob-Raucher etwas albern. So gesund ist die E-Zigarette nun auch wieder nicht.

Mein Opa hat übrigens immer darauf geachtet, dass man nicht zu früh dem Tabak verfiel. Als ich als 16-Jähriger mal an seiner Zigarre ziehen wollte, sagte er: »Wat willste? Roochen? Du kannst mal der Katze am Schwanz roochen!«

Ich habe dann gar nicht erst damit angefangen.

Neulich ...

... am Alex

Auf einem Bahnsteig der großen U-Bahn-Unterwelt am Alex stehen zwei Halbwüchsige. »Kennste den Ansager?«, fragt der eine. »Nee, was für'n Ansager?« – »Na den Typen, der hier immer die Verkehrsansagen macht.« Und er beginnt sofort, ihn zu imitieren. Beide hauen sich weg vor Lachen.

Auch ich habe diesen »Ansager« schon gesehen. Es ist ein Mann mit Bart, der auf dem U-Bahnsteig hinter einem Pfeiler steht und imaginäre Umsteigemöglichkeiten ansagt: »Die Buslinien 71 und die Linie 83 werden hier eingesetzt ... Die Linien 583 und 571 fahren über Lichtenberg nach Wuhletal.« Wenn herumstehende Jugendliche ihn verspotten, lächelt er weiter freundlich und gutmütig.

Wie hätte man den Mann wohl vor hundert Jahren genannt? Fahrplan-Ede? Bahnsteig-Emil? Wäre er in die Reihe der »Berliner Originale« aufgenommen worden, wie einst Mutter Lustig, der Eiserne Gustav, Onkel Pelle oder die Harfenjule?

Berlin hat lange den Stolz auf seine sogenannten Originale kultiviert. Aber in Wirklichkeit hatten die meisten Gestalten überhaupt nichts mit der gepflegten Postkartenidylle für Touristen zu tun. Sie waren bettelarm und abgerissen. Die Harfenjule zum Beispiel zog halbblind, mit schwarzem, abgewetzten Strohhut und ihrem Instrument durch die Stadt, um ihre Lieder zu singen. Sie würde im heutigen Berlin kaum noch auffallen.

Am Alex zum Beispiel läuft oft ein Mann mit Zopf hin und her und hält laute Revolutionsreden in einer Mischung von Che Guevara und Rudi Dutschke. Man schaut kurz hin und lächelt. Wie hätte er wohl früher geheißen? Revoluzzer-Orje?

Oder die klapperdürre Gestalt auf Krücken, die man jahrelang in der U-Bahn sah? Sie hat eigene Gedichte verteilt. Wo ist sie eigentlich hin? Oder wer erinnert sich noch an die »Nachtigall von Ramersdorf«, einen skurrilen Schauspieler und Sänger, der eigentlich aus München kam, aber in Berlin zum tragikomischen Original wurde? Einmal schnitt er sich auf dem Flur der *Berliner Zeitung* die Haare – mit der Redaktionsschere.

Jeder hat die Chance, solch eine Gestalt zu werden, liebe hippe Jung-Berliner. Niemand ist gefeit davor. Das Gute an der Stadt ist, dass sie dann trotzdem noch Platz für einen hat. So hieß es ja schon vor über hundert Jahren in einem Song, frei nach Franz von Suppé:

»Du bist varückt, meen Kind.

Du musst nach Berlin.

Wo die Varückten sind,

da jehörste hin.«

Neulich ...

... in Motzen

Für große Entfernungen und lange Dauer hat das Berlinische viele Redewendungen, zum Beispiel: »Det is ja jottwedee!« – »Da loofste dir ja de Hacken ab!« – »Habta jestern wieda bis in de Puppen jemacht?« – »Det dauert ja ewich un drei Taare!« Meine über 80-jährige Tante aus Lichtenberg klagt immer, wenn für irgendeine Erledigung eine längere Fahrt ansteht: »Mensch, da musste ja bis nach Motzen!«

Zufällig war meine Frau gerade in Motzen, zu einer Schulung. Als sie zurückkam, sagte sie: »Jetzt weiß ich, warum Berliner ausgerechnet von Motzen reden.« Dort befand sich nämlich einst eine der letzten Brandenburger Postkutschen-Stationen auf dem Weg nach Sachsen – fünf preußische Meilen von Berlin entfernt, wie eine Postsäule von 1820 zeigt. Das sind immerhin fast 38

Kilometer. Für den Berliner lag der Ort also tatsächlich am Arsch der Welt. Mit der beliebten Angewohnheit des Berliners – dem Motzen – hatte er wohl nichts zu tun.

Motzen ist aber ein super Beispiel dafür, wie Berlin einst aus dem Kahn heraus erbaut worden war. Hier entstanden im 19. Jahrhundert große Ziegeleien. Die Ziegel wurden per Kahn ins bauwütige Berlin verschifft. Die Kähne waren breit und flach und hatten an den Enden hochgebogene Planken, sogenannte Kaffen. Der Berliner sagte »Kaffekahn«. Alles Mögliche kam damals aus dem Umland. Kähne brachten auch Obst in die Stadt. Sie finden sich auch im heutigen Berlinischen wieder, und zwar als Bezeichnung für übergroße Schuhe: »Eh, für deine Riesenquanten brauchste ja richtje Äppelkähne!«

Der Kahn ist für den wasserverbundenen Berliner ein Begriff für ganz verschiedene Dinge. »Mach keene Dummheiten, Kleena, sonst kommste in' Kahn!« – das ist eine Warnung vor dem Gefängnis. »Ab in' Kahn, aba dalli! Du saugst uns ja schon de janze Luft wech!« – das ist eine Aufforderung an das gähnende Kind, ins Bett zu gehen.

Mein Opa hatte sich in Köpenick übrigens selbst ein Boot für Fahrten auf Spree und Dahme gebaut. Und er schickte mich als Kind auch immer »ab in' Kahn«, also ins Bett. Dabei stand er in der Tür, legte die Hand an die imaginäre Mütze und sagte: »Nacht, Käpt'n!«

Neulich ...

... beim nächtlichen Krimi

Wär ich doch einfach ins Bett gegangen!, denke ich nach einem seltsamen Erlebnis, das ich jüngst hatte. Aber nein, ich musste ja nachschauen, warum mitten in der Nacht vor unserem Haus plötzlich Reifen quietschten. Ich ging auf den Balkon und sah ein Auto, das mit Vollgas durch die Straße preschte, bremste, wieder fuhr und – krätsch – in ein anderes, parkendes Auto krachte.

Der Fahrer stieg aus, schwankte wie ein Halm im Wind, lallte wütend was Gemeines, stieg wieder in sein Auto und bretterte in Richtung Innenstadt davon. Ein besoffener Irrer rast durch Berlin, dachte ich voller Panik. Gefahr im Verzuge! In Bademantel und Latschen eilte ich hinaus, um Schlimmeres zu verhüten. Wie, das wusste ich auch nicht. Zwei Nachbarn hatten das Ereignis ebenfalls beobachtet. Einer kam mit der Taschenlampe auf die Straße geeilt, ein anderer machte Handy-Fotos.

Einem herbeigerufenen Polizisten versuchten wir das Bild des entfleuchten Wagens und seines Fahrers zu vermitteln. »Der Typ war mittelgroß.« – »Nein, eher groß.« – »So um die zwanzig.« – »Vielleicht auch dreißig.« – »Glatze!« – »Nee, eher so Stoppelhaare.« Da ich von Automarken keine Ahnung habe, überließ ich das diesbezügliche Schätzen anderen. Schließlich nahm der Polizist unsere Personalien auf – als Zeugen.

»Du erlebst Sachen«, sagte meine Frau kopfschüttelnd, als ich nachts um eins von meinem Abenteuer in die Wohnung zurückkam. Sie hatte eine amerikanische Krimi-Serie geguckt und gar nicht gemerkt, dass ich weg war. »Du musst auch überall deine

Nase reinstecken.« Einen Tag später konnte man in der Zeitung lesen, dass sich der wilde Wagen kurz nach seinem Auftritt in unserer Nebenstraße stadteinwärts an einer Laterne zerlegt hatte. Der Fahrer überlebte. Er kam vor Gericht. Und ich wurde als Zeuge vorgeladen.

Da saß ich nun, an einem heißen Tag mitten in der Stadt, schwitzte und wartete auf meinen Auftritt. Es dauerte ewig, bis ich dran kam. Und ich dachte: Ach, hätte ich mich doch auch aufs Sofa gelegt und amerikanische Krimis geguckt!

Neulich ...

... im Fußballstadion

Ich war mal wieder beim Fußball, beim 1. FC Union, weil das Stadion an der Alten Försterei ein paar hundert Meter hinter unserem Haus liegt und die Nachbarn mich gefragt hatten, ob ich mitkommen wolle. Die Nachbarn sind eigentlich keine eingefleischten Union-Fans. Sie ist Ärztin, er Führungskraft in einem Büro. Beide kommen aus dem Westen, doch hin und wieder schlendern sie zu einem Spiel jenes Clubs, dessen Hymnen von Achim Mentzel, Nina Hagen und den Puhdys stammen. Hier, in der Köpenicker Wuhlheide, scheint der Osten voller Saft und Kraft. Hier singt und träumt man laut vom Aufstieg und zeigt: Wir sind noch da.

Eisern Union! – dieser Ruf hatte zu DDR-Zeiten den Klang des Aufmüpfigen, trotzig gerichtet gegen den zweiten Fußballverein im Osten Berlins, den Stasi-Club BFC Dynamo. Union-Fans waren wild, zugedröhnt, sie legten sich gern mit der Polizei an. Doch heute?

In vorösterlicher Stimmung zog ich mit den Nachbarn ins Stadion. Ich staunte, wie sich der Club gemausert hatte. Zwischen den mit Schals und Fahnen Bewaffneten stiegen ganze Familien auf die Ränge. Siebenjährige liefen umher, Studenten, junge Pärchen, Rentner. Auf den Rängen war es laut, aber nicht aggressiv. Die Begegnung auf dem Rasen – man spielte gegen einen Verein aus Fürth – gestaltete sich nicht besonders aufregend. Der Ball flog oft unmotiviert hin und her. Am Ende stand es null zu null.

Zum wahrhaft beeindruckenden Erlebnis wurde erst eine Begegnung in der Halbzeit. Für diese hatte der Stadionsprecher echte Berliner Theaterleute angekündigt. Man fragte sich, wie sie ihre hehre Bühnenkunst auf dem riesigen Rasen vor 11 000 Fans zelebrieren wollten. Was würden sie vortragen? Einen Sketch, eine Szene?

Die Künstler – drei Mannen von den Bühnen am Kurfürstendamm – kamen. Sie liefen auf den Rasen wie geblendete Gladiatoren, bewaffnet mit Mikrofonen. Und dann sangen sie drauflos: »Eine kleine Nymphomanin, eine kleine Erektion ...« Ihr wunderbares Lied endete mit dem Schlachtruf: »Ficken, saufen, Eisern Union!« Zweimal noch wiederholten sie ihren Refrain, laut und begeistert. Wahrscheinlich werteten sie das Toben auf den Rängen als uneingeschränkte Zustimmung.

Doch es war vor allem höhnisches Gelächter. Die Anbiederung der Künstler an das gemeine Volk ging nach hinten los. Ein Kind fragte seinen Vater: »Was is'n 'ne Erexjoon?« Der schwieg. Die Nachbarn zuckten mit den Schultern und verstanden auch nicht, was das alles sollte. Zwei junge Männer, wohl Studenten, unterhielten sich: »Woher komm' die alten Säcke?« – »Von irjend'eem Theater am Kudamm« – »O je, denen muss es ja richtig dreckig gehen.«

Neulich ...

... beim Flirten

Mitten in der Nacht in der S-Bahn. Zufällig treffen sich ein Mann und eine Frau mittleren Alters. Sie haben sich offenbar lange nicht gesehen. »Mensch, ej«, ruft sie, »du siehst ja richtich juut aus. Haste letzte Nacht nich jeschlafen?« – »Selba!«, ruft er, »du hast dir übrijens jar nich vaändert.« – »Naja«, kokettiert sie eitel, »schwarz macht eben schlank!« – »Aba nich vonne Seite!« pariert er. Beide hauen sich weg vor Lachen über dieses schlagfertige Wiedersehen.

Das ist echtes Berliner Flirtverhalten. Rau aber ehrlich. So was kann man nicht lernen, das wird vererbt.

»Du hast 'ne Haut wie'n 17-jähriger Pfirsich!« – das ist das netteste Kompliment, das eine Berlinerin zu hören bekommt. Sie weiß das und fährt schon ganz früh ihre Krallen aus. »Ej, wat kiekst'n so? Mund zu, komm' Fliegen rin!«, so schrie mich einmal ein bezopftes Mädchen an, das ich als Zwölfjähriger etwas zu lange angestarrt hatte. Sie war aus der Parallelklasse. Als ich was Freches zurückbrüllte, rief sie: »Ick hol glei' meene Atze. Die vakloppt da!«

Atze – so nannte man in Berlin den Bruder, egal, welchen Namen er wirklich trug. Die Schwester wiederum wurde Schwelle genannt. »Meene Schwelle hat'n neuen Macka«, hieß es zum Beispiel, wenn die Schwester mit einem neuen Freund umherzog. Ja, die Romantik hat einen schweren Stand in Berlin.

»Scheiße am Stock is ooch'n Bukett!«, sagte ein älterer Bekannter einmal, als es um die Frage ging, ob man einer Frau ab und zu einen schönen Blumenstrauß – ein Bukett, wie es früher hieß – mitbringen sollte. Da zucken die Damen aus Stuttgart, München oder Hamburg sofort zusammen. Aber die Berlinerin grinst sich eins. Sie weiß ja: Ihr Mann bringt am Ende doch echte Blumen mit nach Hause. Und dann fragt sie ganz trocken: »Wo hast'n die jeklaut? Warste uff'm Friedhof?«

Die Berlinerin bleibt dem werten Gatten nämlich nichts schuldig. Schon der Dichter Kurt Tucholsky schrieb 1922 über ihren rauen Charme:

»Mädchen, kein Casanova
hätte dir je imponiert.
Glaubst du vielleicht, was ein doofer
Schwärmer von dir phantasiert?
Sänge mit wogenden Nüstern
Romeo, liebesbesiegt,
würdest du leise flüstern:
›Woll mit die Pauke jepiekt?‹
Willst du romantische Feste,
gehst du beis Kino hin ...
Du bist doch Mutterns Beste, / du, die Berlinerin!«

Ich hatte großes Glück. Ich habe eine davon abgekriegt.

Neulich ...

... bei der Mottenjagd

Wir haben übrigens zwei Töchter. Das hatte ich noch nicht erwähnt. Die ältere verbringt gerade ein Jahr im Ausland, die jüngere besucht noch das Gymnasium. Gerade aber läuft sie durch die Wohnung, zeigt in die Ecken und schreit: »Iiiiiii« und »Eeeeklig!«

Wir haben nämlich wieder die Motten. Ich hatte es schon befürchtet, als meine Frau neulich mitten in der Nacht vom Sofa aufsprang und in die Hände klatschte. Eine Motte war vor dem Fernseher umhergeflattert.

Schon zwei Jahre zuvor hatten sich Motten bei uns heimisch gefühlt. Sie verpuppten sich gern in den Wandnischen der Küche. Kleine Würmchen spazierten die Decke entlang. Wir fragten uns, woher die Dinger kommen. Und hatten schon meine beiden Töchter im Verdacht.

Die beiden wollten nämlich eines Tages einen Versuch aus dem Internet nachstellen. Der Versuch hieß: Wie verändert sich ein Cheeseburger, wenn man ihm ein ungestörtes Weiterleben ermöglicht. Das war wohl die Rache der Mädels dafür, dass sie keine Haustiere halten durften.

Der Cheeseburger hieß »Bobby«. Die Mädels hatten ihm ein Gesicht aufgemalt, und er stand schon ein paar Wochen unterm Bett im Mittelzimmer. Es gingen aber keine Motten aus ihm hervor, wie wir befürchteten, sondern er war steinhart geworden. Nur die Gurke hatte ein bisschen Schimmel angesetzt. Also kamen die Motten von woanders her. »Da müssen wir wohl die Kammerjäger holen«, sagte ich.

Als meine Frau und ich eines Sonntags unterwegs waren, nahmen die Mädels die ganze Küche auseinander. Alle Vorräte wurden untersucht und Schubladen ausgekippt. Und siehe da: In allen Winkeln und Löchern hatten sich Motten verpuppt. Sie fanden sich in einer Müslipackung oder im Tee und wurden gnadenlos ausgebürgert. Ihr Name war übrigens *Plodia interpunctella*, auch Dörrobst- oder Vorratsmotte genannt. Sie gehören zur Familie der Zünsler.

Die jetzt überall herumflatternden Viecher sehen aber anders aus. Sie gehören offenbar zum Stamm *Tineola bisselliella*, auch Kleidermotte genannt. Trockenfrüchte vertragen sie nicht. Dafür können sie einen wollenen Wandbehang – die letzte Knüpfarbeit meines Opas selig – in kleine Krümel zernagen. Oder den alten Pelzmantel meiner Tante durchlöchern.

»Wir besitzen doch gar nichts mehr aus Wolle!«, ruft meine Frau verzweifelt. Meine jüngere Tochter schreit: »Guck mal, da ist noch eine!« Ein einziges Weibchen legt übrigens fünfzig Eier. Ich glaube, am nächsten Sonntag ist mal wieder eine Kammerjägeraktion fällig.

Neulich ...

... im Handystress

»Kennt Gott das Internet?« steht auf einem Plakat, an dem ich täglich vorbeikomme. Klar, denke ich. Wenn es Gott gibt, dann steckt er im winzigsten Teilchen und in der kleinsten Schwingung – und flitzt mit den Gigabytes um die Welt. Und weil er kein Datenpolizist ist, greift er natürlich nicht ein, wenn dieses Internet für den gröbsten Blödsinn missbraucht wird.

Eine andere, für mich viel wichtigere Frage ist: Hört Gott Handygespräche? Es gibt nämlich einen Unterschied zwischen diesen und dem Internet: Man kann sich ihnen nicht entziehen. Niemals. Nirgends. Neulich saß ich auf dem Bahnsteig, und es lief ganz aufgeregt eine junge Frau in Jeans und weißen Stiefeln umher, die ganz laut in ihr Handy sprach. So laut, als müsse sie jemandem eine Bahnstation weiter allein kraft ihrer Stimme etwas ganz Wichtiges mitteilen. Und so hörten wir Wartenden, was wohl die meisten von uns keinesfalls erfahren wollten:

»Ich sage dir jetzt«, rief die Weißgestiefelte, »entweder ich oder deine Frau! ... Liebling, ich habe dir jahrelang Zeit gegeben. Ich will jetzt endlich eine normale Familie haben, normale Freunde ... Mein Herz tut mir immer weh! ... Ich kann nicht mehr. Ich kann das nicht mehr ertragen. Ich kann mir auch nicht vorstellen, dass meine Kinder das jahrelang ertragen ...«

So ging das ewig fort. Ein quälender Endlos-Monolog wie aus einem Eric-Rohmer-Film, der sich in der S-Bahn noch viel lauter und verzweifelter fortsetzte. Alle starrten peinlich berührt auf ihre Schuhspitzen oder aus dem Fenster. Niemand wagte aufzublicken, um nicht das gequälte Gesicht des Gegenübers anzusehen. Alle waren Zeugen einer höchst intimen Angelegenheit, zu deren telefonischer Klärung man früher die engsten Freunde aus dem Raum geschickt hätte.

Was soll man tun in einer solchen Situation? Man könnte der armen Frau auf die Schulter tippen und sagen: »Bitte klären Sie Ihre privaten Dinge woanders!« Niemand traute sich das. Dabei wäre genau das notwendig. Im Interesse der psychischen Hygiene.

Auch dem Geschäftsmann, der in der Bahn per Telefon im heimtückischen Fieslingston einen Untergebenen abkanzelt, sollte man das Gerät entwinden. Und allen endlos über peinliche Beziehungsbanalitäten plappernden Girls. Und dem Typen, der seinen Angelausflug vor allen in epischer Länge ausbreitet. Und der Dame, die laut über die Wurmkrankheit ihres Hundes referiert. Und der Hausfrau, die ein Bündel Spargel käuflich erworben hat und nun an jeder Station zu Hause anruft, um zu sagen, dass sie sich dem Kochtopf wieder um eine Station genähert habe. Und ihr Mann solle doch schon mal das Wasser erwärmen.

Lieber Gott, wenn du alle diese Gespräche hörst, tu endlich was! Spring über deinen Schatten, beende deine vornehme Zurückhaltung! Schicke einen Bannstrahl durch die Sphären bis hinunter in die S-Bahn! Grolle bitte donnernd: »Nun ist Schluss! Ihr verpestet meinen Äther! Ihr werdet dematerialisiert!« Und schreite schnell zur Tat! Zumindest die Handys sollten sich auf der Stelle in kosmischen Staub auflösen.

Darum bitte ich dich, auch wenn Berlin jüngst den Religionsunterricht als Wahlpflichtfach abgelehnt hat. Ich vertraue dir trotzdem.

Neulich ...

... auf dem Gehweg

He, ist ja cool, dachte ich, als ich nachts vom Bahnhof nach Hause ging. Mitten auf dem Gehweg stand ein Tisch. Ein Traum aus echtem Holz mit massivem Kugelfuß und großer runder Platte, an der bestimmt sechs Ritter aus Artus' Tafelrunde Platz gefunden hätten. Dazu ein Zettel: »Zu verschenken.«

Ich verliebte mich auf der Stelle in den Tisch, wusste aber, dass wir leider keinen Platz dafür hatten. Und ging weiter nach Hause. Dort machte ich, noch im Flur, den Fehler, von meiner Begegnung zu erzählen. »Ich würde ihn nehmen«, rief meine jüngere Tochter und schlüpfte in ihre Jacke. Auch ich zog schnell die Schuhe wieder an. Wir sprangen hinaus auf die Straße. Hoffentlich war uns niemand zuvorgekommen. Wir rannten das letzte Stück.

Gott sei Dank, der Tisch stand noch da. Wir hoben ihn an. Ich vorne, meine Tochter hinten. Er war sperrig und sauschwer. Ein echter Rittertisch eben. Ich fragte mich, warum ihn jemand loswerden wollte. »Vielleicht ist da drunter jemand gestorben«, sagte ich schnaufend. »Egal«, antwortete meine Tochter. »Liebe ist Liebe!«

Wir wuchteten das Monstrum mit Ach und Krach hochkant in ihr Zimmer. Dort stand es dann erst mal, mitten im Raum. Alle paar Minuten steckte ich den Kopf durch die Tür: »Na, bereuste es schon?« – »Nöö.«

In den zentraler liegenden Bezirken dieser Stadt ist der öffentliche Gebrauchtmöbeltausch mittlerweile etwas ganz Normales.

Dort stehen ständig speckige Sessel und angeranzte 70er-Jahre-Truhen auf den Gehwegen herum. Vielleicht beginnt das nun endlich auch bei uns, am Rande der Wildnis. Dann könnten wir den Tisch eines Tages auch wieder vor unsere Tür stellen, wenn die Verliebtheit nachgelassen hat.

Am Tage nach unserem nächtlichen Abenteuer räumten wir das Zimmer der Tochter um, verrückten Sofa und Schränke, bohrten Löcher, um den Spiegel umzuhängen. »So ein Blödsinn«, stöhnte ich, »nur weil ich die Klappe nicht halten konnte!« – »Tja, dumm gelaufen«, sagte meine Tochter. Nun steht der Tisch am Fenster. Er macht sich wirklich super. »Fehlt nur noch, dass ein paar Ritter drumherum sitzen«, sagte ich. »Glaub mir, Papa, das willst du nicht wirklich.«

Neulich ...

... auf der Rolltreppe

Mit mir ist es seltsam. Ich bin zwar in dieser Stadt geboren, berlinere aber recht selten. Genau wie meine Eltern oder meine Frau. Normalerweise sagen wir »ich« statt »ick«, »laufen« statt »loofen«, »Beine« statt »Beene«. Vielleicht hat das damit zu tun, dass meine Eltern Lehrer waren. Anderen meiner Verwandten dagegen steckt der Metrolekt so tief in den Knochen, dass sie gar nicht anders können, als zu berlinern. Dazu gehörten mein Opa und meine Großtanten. Dazu gehört meine über 80-jährige Tante aus Lichtenberg.

Allerdings höre ich dennoch immer wieder, dass ich von einem Moment auf den anderen ein sogenannter typischer Berliner sein kann: ungeduldig, brubbelig, auf freche Art schlagfertig. Das liegt offenbar an dem Typen, der in mir steckt. Es ist mein innerer Berliner, der ständig alles beobachtet und kommentiert. Auf meinem Weg von der Arbeit nach Hause hört sich das zum Beispiel so an:

»Mannoman, jeht dit wieda langsam. Ohm fährt die S-Bahn ein, und ick komm nich die Rolltreppe hoch. Hallo: Rechts steh'n, links jeh'n! Wir sind inne Weltstadt. Klar, dass die uff'm Dorf keene Rolltrepp'n ham. Und 'tüürlich, jenau im Ausjang bleimse steh'n, um zu kieken, wo se hinmüssen. Dabei jibt et hier nur sswee Richtungen. So, aba nu mal vorwärts! Ick muss da noch mit. Allet rennt natürlich wieda zu eena Tür. Die S-Bahn is keen Weihnachskalenda. Da kann man alle Türen zujleich uffmachen! ... Früher haste wenigstens noch'n Sitzplatz jekricht. Warum die alle hierherkomm? Hier jib's doch nüscht! Fernsehturm, Museumsinsel – dit war't ooch schon. ... Nee, dit heißt nich Jrüüünau! Sondern Jrünau! Betonung uff'm Ende. Jetzt machen schon Sachsen uff'm Bahnsteich die Ansagen. Hamwa keene eij'nen Leute mehr? ... So, nu raus! Nich inne Tür stehnbleim! Dürf ick ma durch? Wat heeßt hier: ›Aber gerne!‹? Wat grinst'n der so scheißfreundlich? Hab ick wat anne Backe? ... Wie? Wo't zur Tram jeht? Dit heißt nich Tram, sondern Straßenbahn. Früher hieß det Elektrische!«

Ich möchte betonen, dass ich mich ausdrücklich von diesem ständig brabbelnden Typen distanziere. Ich selbst bemühe mich, tolerant, freundlich und geduldig zu sein. Doch manchmal guckt der Kerl aus mir raus. Geschickt nutzt er dafür Momente der Schwäche aus. Wenn's mir schlecht geht, ich kaputt und müde bin. Oder auch, wenn ich mich besonders wohl fühle und mich gehenlasse. Dann hat er seinen Auftritt. Und plötzlich rufen Leute, die mich bisher noch nicht richtig kannten: »Mensch, du berliiinerst ja!«

Sorry, wenn das manchen irritiert. Aber ich möchte meinen inneren Berliner, der im Folgenden immer mal wieder auftauchen wird, auch ein bisschen verteidigen: Er meint es eigentlich gar nicht böse. Er nervt zwar mächtig, ist aber im Grunde harmlos. Er will manchen Zugereisten – etwa Bayern, Schwaben und Rheinländern – auf seine ungeschickte Art signalisieren, dass er demonstrativ zur Schau getragene Freundlichkeit suspekt findet. So was kann doch nicht echt sein!, denkt er sich. Deshalb gebärdet er sich selbst oft ein bisschen grob. Einfach, um echt zu sein. Außerdem hat er zu allem eine Meinung, auch wenn sie gerade unpassend ist.

Im Grunde aber überspielt er mit seinem Gebrubbel nur den Stolz auf seine tolle Stadt, die so viele Leute anzieht. Denn dass sein Kaff so beliebt sein soll, ist ihm schon ein bisschen peinlich.

Neulich ...

... beim Hausbau

»Und? Baut ihr irgendwann noch?« fragt mein alter Schulkumpel, den ich seit mehr als vierzig Jahren kenne. Er wohnt in einem großen Haus am Waldrand, wo nachts die Wildschweine zum Fenster reingucken. »Nöö,« sage ich, »ich wohne eigentlich ganz

gut so.« – »Aber im Miezhaus zahlste dir doch dumm und dämlich«, antwortet er. »Ihr müsst einfach bauen. Dit is 'ne Altersanlaare!« Mein alter Schulkumpel ist im Gegensatz zu mir ein
Berliner, dem man zu jeder Zeit anhört, woher er kommt.

»Hör mal, meine Mädels sind groß«, sage ich. »Außerdem
kann ich gar nicht bauen. Ich muss das andere machen lassen.
Und was bei so was rauskommt, hab ich ja an deinem Haus gesehen.« – »Ja, ja«, antwortet er schon etwas kleinlauter. Als nämlich
vor Jahren sein eigenes Haus emporwuchs, machte nach dem
Rohbau die Baufirma pleite. Er musste das Haus allein fertig-
bauen. Alle Freunde und Bekannten halfen mit. Einige waren
zum Glück vom Fach, die meisten aber nicht. Ich hockte vor
Höhenangst zitternd auf einem Gerüst und strich den Dachkas-
ten, während der befreundete Zahnarzt meines Freundes den
Betonmischer bediente. Dabei kloppte er wie verrückt mit der
Schippe auf den sich drehenden Mischer, der dadurch Beulen
bekam, so dass er am Ende aussah wie der Saturnmond Phoebe,
schief und mit Kratern übersät. Ich dachte mir: Gott sei Dank ist
das nicht mein Zahnarzt!

Anderswo laufen Bauvorhaben allerdings auch nicht besser.
Im Haus eines Bekannten zum Beispiel war die Zwischendecke
nicht genügend belastbar. Ein hässlicher Pfeiler musste mitten in
die Stube gebaut werden. Unterm Dach, wo das Kinderzimmer
sein sollte, kann man nur gebückt stehen, weil jemand falsch
gerechnet hat. Wasser steht im Keller. Risse ziehen sich durch
die Wände – und so weiter.

Und wenn die Schäden dann irgendwann glücklich beho-
ben sind und man zu wohnen anfängt, kommt jeden Sonntag
der Banker zum Kaffee, weil ihm ja eigentlich das Gebäude
gehört.

Die Kinder – für die man das Haus gebaut hatte, damit sie schön auf dem kurzgeschnittenen Rasen umhertollen können – wollen eines Tages nicht mehr am Arsch der Welt hocken, sondern Party machen. Und zwar in einem Club in der Stadtmitte. Das Haus wird zu groß. Das Dach geht kaputt. Die Heizung leckt. Die Paare trennen sich, weil sie sich anöden. Alles schon erlebt.

Von wegen »Altersanlaare« und so. Teuer wohnen kann man auch zur Miete. Aber da ziehen einem am Ende nicht auch noch die Wildschweine ins Souterrain. »Nee«, sage ich zu meinem Freund, »lass man gut sein. In diesem Leben baue ich nicht mehr.«

Neulich ...

... in Sanssouci

Eine Familie im Park von Sanssouci vor den Toren Berlins. Mutter, Vater und ein männliches Grundschulkind, das sich herzlich wenig für Schlösser und Gartenanlagen interessiert. Dafür aber für einen toten Käfer unter einem Baum, rotbraun und zweieinhalb Zentimeter groß.

Kind: »Iiiii. Was is'n dis?« – Mutter: »Boah, wat für'n Hoscher! Bloß die Finger weg. Wer weeß, wejen wat der dot is.« – Vater: »Lass ma' kieken, een richtja Eumel. Een Mistkäfa ist det nich, ooch keen Hirschkäfa.« – Mutter: »Vielleicht kommt det Vieh aus Asien. Wie die Tiejermücke! Bloß weg da!«

Ich habe auch hingeschaut. Und ich glaube, es war ein Maikäfer. Diese sind ja seit Jahrzehnten sehr selten geworden in Berlin und Umgebung. Aber sie kommen wieder. Eine Bekannte erzählte über ihre erste Begegnung mit einem solchen Käfer: »Der hatte wohl seine erste Flugstunde und war auch noch besoffen.« Er platschte gegen ihren Kopf, verfing sich in ihren langen Haaren und brummte wie wild. Ein Horrorerlebnis – für beide.

Es ist übrigens ein Irrtum, dass beim bevorstehenden Monatswechsel aus den Maikäfern plötzlich Junikäfer werden. Letztere sind eine andere Art aus derselben Familie.

»Gab's eigentlich in deiner Kindheit viele Maikäfer in Berlin?«, fragte ich meine über 80-jährige Tante aus Lichtenberg. – »Oh ja, sehr viele«, sagte sie. »In der Stadt selbst aber nicht so ville wie uff'm Dorf bei meinen Verwandten.« Sogar die Hühner hätten keine Maikäfer mehr fressen wollen, so viele waren es. Die Kinder hätten die Käfer in Pappkartons gesammelt und getauscht. »Habt ihr auch Maikäfersuppe gegessen?« – »Nee, det ham' wa nicht.«

Maikäfersuppe war bis ins 20. Jahrhundert hinein recht beliebt. Im Internet finden sich sogar noch Rezepte dafür: Man nehme pro Person etwa 30 Maikäfer, röste sie ohne Flügel und Beine in Butter an und gare sie dann in Brühe …

Als besondere Leckerei konnte man übrigens in Konditoreien auch kandierte Maikäfer kaufen. Studenten hätten das gern gegessen, lese ich. Das erzähle ich heute Abend meiner Tochter. »Na wie wär's mit 'ner Tüte Maikäfer? Kross und knackig.« Den blauen Fleck auf dem Arm spüre ich jetzt schon.

Neulich ...

... am Schwedenfeuer

Jetzt beginnt wieder die Zeit, in der man nachts das Fenster nicht aufmachen kann, weil Häuptling Qualmender Stubben die Gegend verpestet. Nein, mal ehrlich: War es immer schon so, dass überall in der Stadt – sobald die Temperaturen über zehn Grad steigen – unter freiem Himmel Feuer entzündet werden? Und zwar ohne große Not, ohne dass die Leute ausgebombt oder auf die Straße gesetzt wurden. Aus Tausenden von Gartenwinkeln zieht der Qualm über die Stadt, dringt in die Wohnungen, räuchert die Bettwäsche und ist schwer wieder rauszukriegen.

Der Mensch liebt das Feuer, wenn es ihn nicht gerade von hinten anspringt. Ohne Feuer wäre er ein halber Affe geblieben und müsste sein Steak roh verschlingen. Der Abenteurer in der Prärie, der Wanderer in den Bergen, der Pfadfinder im Lager – sie alle hocken gern auf freiem Gelände ums Feuer und singen fröhliche Liedchen.

Aber auf dem schmalen Grünstreifchen hinterm Reihenhaus? Warum zündet jemand dort ein Lagerfeuer an? Das ist doch Selbstbetrug. Man will sich frei wie ein Indianer fühlen und sitzt doch da wie beim Großen Brand von London. Beim Grillen am Abend geht es schon los. Da hopsen einem die Bauchspeckröllchen des nur zwei Meter entfernt brutzelnden Nachbarn auf den eigenen Grill. Es qualmt und zischt, die Flammen züngeln.

Danach geht es weiter, bis tief in die Nacht. Metergroße Schwedenfeuer-Stämme, Feuerkörbe und Aztekenöfen werden rausgeschleppt, Gartenkamine angeheizt. Man sitzt auf dem Stuhl, glotzt ins Feuer. Der Bauch glüht, der Hintern friert. Decken werden aus dem Haus geholt. Der Qualm von einem Dutzend Feuerstellen in der Gegend treibt einem die Tränen in die Augen. Und man geht mit stinkenden Haaren zu Bett.

Während Politiker – dem Zeitgeist getreu – schlau über nachhaltige Energienutzung reden, verbrennen Jahr für Jahr Unmengen an Holz, genau wie vor Hunderten von Jahren. Damals allerdings wurden Schmieden und Bäckereien damit betrieben. Geschlitzte Schwedenfeuer-Stämme schützten die Heere des Dreißigjährigen Krieges vor dem Erfrierungstod. Heute kann man die Dinger bei Amazon bestellen. Gartenabfälle darf man schließlich nicht verbrennen, also muss richtiges gutes Feuerholz her, für teures Geld. Und alles nur, um einen faulen Tag unter freiem Nachthimmel qualmend ausklingen zu lassen und sich dabei die peinlichen Altherrenwitze des Nachbarn anzuhören, begleitet vom Gackern angeschickerter Nachbarinnen. Wie romantisch!

Neulich ...

... im Taxi

Es ist Nacht, ich hatte Spätdienst. Am Alex steige ich ins Taxi. »Wo solls'n hinjehn?«, fragt der Fahrer. »Nach Köpenick.« – »Juti.« Wir klären noch genauer, wohin. Dann haut er den Gang rein, und wir fahren los. In der Holzmarktstraße kommt plötzlich ein Schatten von rechts. Ein Radfahrer. Die Bremsen quietschen. Als der Schreck vorüber ist, beginnen der Fahrer und ich über Beinahe-Unfälle zu reden. Irgendwann gleitet das Gespräch zu echten hinüber.

»Hör mir uff mit Unfälle!«, sagt der Fahrer und fängt an zu gestikulieren. »An dit Auto hier is nischt mehr orijinal. Is'n richtjer Unjlückswagen.« O weh, denke ich. Mir wird mulmig. Ich sitze also in einem Unglückswagen! Wir rasen an der Jannowitzbrücke vorbei. Der Fahrer redet weiter. »Die rechte Türe musste ausjewechselt werden. Is mir eena mit'm Motorrad rinjebrettert! Sah nich jut aus. Koffaraumklappe ooch. Is'n El-ka-wee ruffgefahrn. Jott sei Dank nur leicht. Dem Fahrgast is nich allzu ville passiert.« Wir sausen am Osthafen entlang, nehmen scharf die Kurve zum Ostkreuz. Ich beginne zu schwitzen.

»Frontscheibe war ooch kaputt. Mitten uff de A 100. Bin grade noch anne Seite jekomm. War'n Stein oda wat. Keena weeß, woher.« Wir brettern an der Rummelsburger Bucht entlang. Mir wird ein bisschen schwindelig, und ich kurbele das Fenster ein Stück runter.

»Bei den jroßen Sturm vor ein paar Jahre is'n Ast uffs Dach jefalln. Ick hab ooch imma een Pech!« An der Nalepastraße gibt der Fahrer ordentlich Stoff. Nachts fährt es sich hier richtig schön zügig. Ich übe mich in progressiver Muskelentspannung nach Jacobson. »Mootahaube war ooch in Arsch. Da is'n Radfahrer rübajemacht. Wie'n Stuntman. Dem is nischt passiert. Aber' dit Auto war vabeult.« Auf der Höhe der Wuhlheide versuche ich, ein bisschen zu beten. Dann denke ich: Du betest ja sonst nicht. Und ergebe mich dem Schicksal.

Dieses meint es gnädig mit mir. Hinter der alten Försterei biegt das Auto unbeschadet in meine Wohngegend ein und hält genau vor dem Haus. Ich atme tief aus, zahle und gebe dem Fahrer ein ordentliches Trinkgeld, weil ich lebendig angekommen bin. Dann fällt mir ein: Mensch, vielleicht ist genau das seine Masche: auf Angst und Mitleid machen und dann kräftig abkassieren!

Neulich ...

... im Bettenladen

Seit einiger Zeit schlafe ich nachts tief und fest. Woran das liegt? Unter anderem an der Matratze, die ich jüngst erjagte. Es sollte unbedingt Federkern sein. Mit diesem Vorsatz zog ich in ein Köpenicker Bettenhaus. Leider gab es fast nur Schaumstoffmonstren, in einem riesigen Regal aufeinandergestapelt. Der Verkäufer kletterte wie ein Affe auf dem Regal herum und zerrte eine Matratze nach der anderen heraus. Sie fielen – blobb und schwobb – auf den Boden wie ohnmächtige Seekühe. Am Ende sah der ganze Raum aus, als sei eine Hippie-Kommune explodiert. Doch ich bekam meine Wunschmatratze.

Ein Mensch hat, wenn er 80 Jahre alt wird, fast 27 volle Jahre geschlafen. Dafür kann man ruhig mal eine Stunde um eine Matratze kämpfen. Um zu erkennen, wie wichtig das ist, muss man nicht erst bis ins Mittelalter zurückgehen. Damals schliefen die Leute meist auf dem Boden oder auf Brettern, belegt mit Stroh, Moos oder Fellen voller beißendem Ungeziefer. Früh wachte man dann auf, als habe man sich stundenlang mit Keulen geprügelt.

Die Matratzenkultur war auch zu meiner Jugendzeit noch nicht sehr entwickelt. In Wohnheimen oder beim Militär etwa hingen die Federböden der Pritschen oft so sehr durch, dass einem am Morgen der Rücken wehtat. Die Lösung: Ausgehängte Spindtüren wurden zwischen Federboden und Schaumstoffmatratze geschoben. Nun lag man da wie ein verblichener Pharao, frisch aufgebahrt.

Oder die Seegrasmatratzen, die man früher so zu Hause hatte. Sie waren oft dreiteilig, was die Gefahr in sich barg, dass man dazwischenrutschte und sich böse was verrenkte. Man konnte aber auch viel Lustiges mit ihnen anstellen. Zum Beispiel den Partner ärgern. Dafür nahm man den Mittelteil heraus, stellte eine Schüssel voller Wasser hinein und zog das Laken wieder straff drüber. Übrigens hat das auch mal meine Schwiegermutter mit meiner Frau gemacht, als diese noch zu Hause wohnte und wieder mal viel zu spät ins Bett ging. Glücklicherweise wurde der Brauch nicht mit in unsere Ehe übernommen.

Neulich ...

... auf dem Trip zum Vesuv

Ich stehe mit meiner Frau auf dem Vesuv und blicke auf den Golf von Neapel. Hinter uns liegt der Krater, unter uns Neapel. Ich bin begeistert von dieser ganzen Schönheit und denke zugleich an Berlin. An die Stadt, in der angeblich nix funktioniert, die S-Bahn nicht fährt, der Flughafenbau vor sich hin gammelt, die

Zeitung früh mal wieder nicht im Briefkasten ist. Und in der der Regierende Partymeister sektschlürfend auf dem Vulkan tanzt. Was ja immer nur sprichwörtlich gemeint ist.

Nun stehe ich also auf einem echten Vulkan und blicke auf die Gegend, die einst eine echte Katastrophe erlebte.

Als die Pompejaner am 24. August des Jahres 79 mittags laute Donnerschläge vom Vesuv hörten und eine riesige Rauchsäule aufsteigen sahen, dachten sie: Huch, das sieht aber komisch aus! Ist aber sicher gleich vorbei. Niemand hatte damals gewusst, dass dieser komische Berg ein Vulkan war. Es gab da irgendwelche Sagen von früheren Feuern und am anderen Ende der Bucht die berühmten Schwefelbäder. Aber eine Gefahr? Zwei Tage später waren die Pompejaner tot oder geflüchtet.

Heute hört man, wenn man zum Vesuv aufsteigt, die Vögel-chen zwitschern. Der Golf von Neapel glitzert in der Sonne. Man schaut hinüber nach Capri und seufzt. Alles ist still und friedlich. Niemand denkt daran, dass er auf einem Pulverfass sitzt. Man vergisst es sehr schnell unter dem blauen Himmel zwischen den Zitronenhainen.

Ach, möge Berlin doch etwas von der Sorglosigkeit Neapels besitzen. Ich meine jetzt nicht die brennenden Müllberge, die Camorra oder das Verkehrschaos. Ich meine die Gelassenheit der Vulkanier im Angesicht der brodelnden Masse unter ihnen.

Rechnet man Neapel mal ungefähr auf Berlin um, dann würde sich am Bahnhof Köpenick der Vesuv erheben. In Dah-lem begönnen die dampfenden Phlegräischen Felder, ein Gebiet, das aussieht wie eine Kraterlandschaft. Hier soll sich seit einiger Zeit der Boden wieder verdächtig heben und wölben. Straßen sind schon kaputtgegangen. Und unter allem blubbert eine rie-sige Magmakammer, viel größer als der Großraum Berlin. Alle

Neapolitaner wissen, dass es eines Tages kracht. Aber wozu sich uffrejen? Genieße den Tag! Lieber ein Tag als Löwe als hundert Tage als Schaf!

Eine Chance böte die ganze Situation auch noch: Im vulkanischen Berlin würde der Flughafen schneller fertig werden. Man machte aus dem Fluch-Hafen einfach einen Flucht-Hafen. Für die, die es am Ende doch mit der Angst zu tun bekommen.

Neulich ...

... auf dem Parkplatz

Es ist kurz nach Mitternacht, ich stehe zu Hause in Köpenick am Fenster. Auf die andere Straßenseite wurde jüngst ein Parkplatz hingeplättet. Eine Laterne, nein eher eine atombetriebene Flutlichtanlage bestrahlt den Platz samt Blechkarossen. Wozu, weiß niemand. Er ist bestimmt vom All aus zu sehen und längst auf den Karten der Aliens verzeichnet – als Landeplatz. Wie soll man da schlafen?

Ich frage mich, ob man die Flutlicht-Laterne irgendwie ausschalten kann. Früher war ich Experte für so was. Damals standen alte, grün lackierte Gaslaternen in unserer Straße. Abends gingen sie mit einem »Blöff« automatisch an, am Morgen verloschen sie. Manchmal klappte die Fernzündung nicht. Dann tuckerte der Laternenanzünder durch die Straßen. Mit einer langen Stange zog er oben am Ringlein der Laternen, um sie zu entzünden. Oder sie auszumachen.

Gewiss regte er sich auch manchmal über ein Spiel auf, das unter uns Kindern beliebt war: das Laternen-Austreten.

Eines Abends war es wieder so weit: Ich und zwei andere Elfjährige liefen nach einem langen Pioniernachmittag durch unser Viertel. Es war längst dunkel, und in einer besonders abgeschiedenen Straße traten wir mit den Füßen gegen eine Laterne. Mit voller Kraft. Der Mast wackelte. Das Ding verlosch. Die nächste kam dran. Plötzlich flammte eine Taschenlampe auf. Meine Kumpels flitzten weg. Eine riesige Hand packte mich. »Hab ick dir, Freundchen«, brüllte ein Mann. »Jetz kriegste wat uff de Fresse.« Ich zerrte an seinem Arm. Meine Kumpels waren längst über alle Zäune. Auf einmal sagte ein zweiter Mann, der mit dem ersten gekommen war: »Soll er doch mal zeijen, ob er die Dinger ooch wieda ankricht!«

Sie schubsten mich zur am nächsten stehenden Laterne. Mit zitternden Ärmchen begann ich am Mast hochzuklettern, um an den Zündring zu gelangen. Leider hatte ich in der Schule im Stangenklettern immer eine Fünf. Ich zog, schwitzte, strampelte, ächzte. Hing da wie ein nasser Sack. Nachdem die Männer genügend gelacht hatten, rief der eine: »Is jut. Hau ab, du Vogel! Grüß deine Kumpels, ick will euch nie mehr hier sehen!«

So geschah es auch. Das Laternen-Löschen habe ich mir inzwischen abgewöhnt. Nur manchmal juckt es mir noch in den Füßen, wenn ich nachts auf unseren Alien-Parkplatz gucke.

Neulich ...

... beim Brunch

»Ich hasse brunchen«, sagt eine gute Freundin. Sprich: »bransch'n«. Ich bin etwas erstaunt, denn unsere Familien haben sich schon mehrfach zum Brunch getroffen. Und es war eigentlich immer nett. Die Kinder waren noch kleiner. Man saß im Restaurant oder auf einer See-Terrasse. Man redete, trank Kaffee, während die Kinder umhertobten und den Laden auseinandernahmen. Ab und zu schlenderte man halb beduselt zum Büfett, um sich noch mal Brötchen, Rührei, Müsli, Obst oder Kuchen zu holen. Mancherorts gab's auch Suppe, Pfannkuchen, Fladenbrot und Hummus ...

»Genau das ist es«, sagt die Freundin. »Man frisst zu viel, trinkt schon am Vormittag Sekt. Das Ganze zieht sich bis in den Nachmittag – und der Tag ist gelaufen.« Gerade am Sonntag hat man das Gefühl, dass die ganze Stadt mit Kind und Kegel in hunderten Restaurants hockt und dauermampft. Es wird gegackert, gequasselt, dazwischen krähen die Kinder. Das Ganze hat keinen richtigen Anfang und kein richtiges Ende.

»Wat is'n det für 'ne neue Mode?« würde mein Opa – Jahrgang 1904 – fragen, wenn er das sähe. Und er würde den Begriff Brunch aussprechen, wie er geschrieben steht. Er stammte ja aus einer Generation, die noch »Beffstick« statt Beefsteak sagte. Die Jugend trug »Schiens«, im Metropol-Theater spielte man »Miefarlaadie« (»My Fair Lady«). Auch sonst gab es gewisse Berührungsschwierigkeiten, was das Englische betrifft. »Brunch ist eine Mischung aus Breakfast und Lunch, also Frühstück und

38

Mittag«, würde ich meinem Opa sagen. Und er würde vielleicht antworten: »Uff Deutsch hieße det also Frittach!« – »Genau!«

Ich finde die Idee, künftig von »Frittach« – auf Nicht-Berlinisch »Frittag« – zu reden, ganz hübsch. Da ließe sich sicher Kreatives draus schöpfen: zum Beispiel die Reihe »Fritzes Freitags-Frittag«, bei der es »frische Frittags-Frikadellen mit Fritten« gibt. Und einmal im Jahr trifft man sich dann zum »Frohen Frittags-Fasten« – mit frugalem Buffet, aber viel Alkohol. Am besten mit Frittags-Freixenet. Es kann aber auch Frittags-Franzbranntwein sein. Zum Einreiben. Falls der Hintern weh tut vom langen Sitzen.

Neulich ...

... auf der Straße

Was wird das Letzte sein, das man isst? Ich meine, vor dem Tode. Verzeihung, natürlich ist das Thema unangenehm. Aber der Mensch denkt doch über so was nach. Oder? Was also wird man essen? Eine Currywurst bei Konnopke, bevor einen das Lastauto erwischt? Oder vielleicht ein Rührei mit Seezunge, wie Lady Di, bevor sie verunfallte? Einen Apfelkuchen wie James Dean, einen Hirschbraten wie Gletscher-Ötzi? Oder gebratene Singvögelchen wie Präsident Mitterrand?

Der Tipp mit den Vögelchen wäre sogar todsicher, weil mich meine Tochter noch vor dem ersten Bissen mit der Pfanne erschlagen würde.

Aber nicht nur der Imbiss ist von Bedeutung, wenn es um den letzten Moment geht. Auch das, was einem als letztes durch die Rübe rauscht. Mitunter ertappt man sich dabei, wie man auf der Straße läuft und vor sich hin brabbelt: »Wenn dir jetzt dieser ziemlich wackelig aussehende Balkon auf den Kopf fällt, was hättest du als letztes gedacht?« Natürlich hätte man gedacht: »Wenn dir jetzt dieser ziemlich wackelige Balkon auf den Kopf fällt.«

Aber wenn man das nicht gedacht hätte, was hätte man stattdessen gedacht? Vielleicht: »Ooch, blöd, die Überschrift auf Seite zwanzig hätteste ruhig nochmal kontrollieren können.« Meist denkt man ja was völlig Nebensächliches oder Doofes. So Sachen wie: »Ob ich auch mal ins Solarium gehe? Ich bin so blass! Upps, Bauch rein, Blondie von links. Seitenblick Schaufenster, Hose hängt. Neue kaufen! So, jetzt schnell rüber! Scheiße, der Bus!!«

Mitunter knobelt das unterbeschäftigte Hirn an irgendwelchen Aufgaben, dem Inhalt von Filmen, an albernen Reimen oder einem Fremdwort. Aber auch der Notarzt wird einem nicht verraten können, was ein Evaporimeter ist.

Es könnte natürlich auch sein, dass man niedergekarrt wird, während man gerade irgendeinen blöden Schlager im Ohr hat, den der Nachbar vor fünf Minuten noch bei geöffnetem Fenster spielte: »Interrr dänn Kulissen von Parrriis« oder »Weiße Rosen aus Athen«. Was macht man, wenn man auf der Bahre liegt und Nana Mouskouri mit weißem Tuch winken sieht: »Auf Wiederrrseeeehn!«? Wer zieht später den Nachbarn zur Rechenschaft?

Über das peinliche Problem der letzten Gedanken haben weitaus größere Leute als man selber nachgedacht, zum Beispiel der Dichter Erich Kästner. »Halt, mein Hut! Ist das das Ende? / Groß ist so ein Autobus. / Und wo hab' ich meine Hände? / Dass mir das passieren muss«, schrieb er in den »Gedanken beim

Überfahrenwerden«. Und weiter: »Arthur wohnt gleich in der Nähe. / Und es regnet. Hin ist hin. / Wenn mich Dorothee so sähe! / Gut, dass ich alleine bin. / Ist der Schreibtisch fest verschlossen? / Ohne mich macht Stern bankrott. / Gestern noch auf stolzen Rossen. / Morgen schon beim lieben Gott.«

Bei allem, was einem täglich so durch den Kopf geht, glaube ich auch nicht mehr, dass irgendwer noch fähig ist, große Worte an die Nachwelt zu hinterlassen, wenn ihm der Atem ausgeht. So nach dem Goethe-Modell. Eher wohl, dass man Dinge stammelt, wie sie einige andere berühmte Leute in ihrem letzten Moment gesagt haben sollen: »Pfui Teufel!« (Karl Kraus), »Scheiße!« (Walt Whitman), »Lasst mich in Ruhe!« (Bertolt Brecht) oder Dylan Thomas: »Ich hatte gerade achtzehn Whisky ohne Eis; ich denke, das ist der Rekord.« Dieser Spruch wäre übrigens durchaus geeignet, mit dem Darwin-Award gewürdigt zu werden, der postum an jene vergeben wird, die aus Übermut, Leichtsinn oder Dummheit ums Leben kommen.

Dazu gehören auch folgende beliebte Aussagen: »Da ist kein Strom drauf!« – »Die Leiter steht schon richtig!« – »Der Haken hält!« – »Herr Leutnant, ich melde: Waffe gereinigt, Lauf frei!« – »Halt mal kurz den Rucksack! Ich pflück dir schnell das Edelweiß!« – »Ich hab genau im Pilzbuch nachgeguckt!« – »Ach was, hier gibt's keine Felsspalten!« – »Der ist doch zahm, oder?« – »Woll'n wir wetten, dass ich den Pfannkuchen in einem Stück runterkriege?« – »Bin ich ein Mann oder 'ne Maus?«

Der letzte Spruch ist übrigens universell einsetzbar.

Neulich ...

... im Geisterwald

Am Wochenende ging ich mal wieder mitten in der Nacht durch unseren Wald. Ein langer dunkler Weg führt von dem Viertel, in dem ich als Kind wohnte, bis zum S-Bahnhof Hirschgarten. Ich hatte einen Bekannten besucht. Und während ich so lief, erinnerte ich mich an manche nächtliche Begebenheit in diesem Wald. Zum Beispiel an jene, bei der mich der schräg scheinende Vollmond so irritierte, dass ich vom Wege abkam und mich plötzlich tief im Dickicht befand. Es ging gut aus. Ich arbeitete mich wieder raus und wurde nicht von Wildschweinen gefressen, wie man sieht.

Dieser Wald, dachte ich, ist ein wahrer Geisterwald. Hier spuken die Gespenster verblichener Zeiten umher. Neulich zum Beispiel war ich das erste Mal in unserem Köpenicker Heimatmuseum. Dort gab es eine Sonderausstellung. In einer Vitrine lagen ein paar alte Eisenteile. Ein Film zeigte, wie Knochen aus einem Waldboden gebuddelt wurden. Und während ich so guckte, sah ich, dass es sich um unseren Wald handelte.

Die Geschichte hörte ich zum ersten Mal: Anfang 1944 wurde ein britischer Bomber über Köpenick abgeschossen. Er stürzte in unseren Wald. Später räumte man die Überreste weg. Doch offenbar nicht alles. Zum Beispiel wurde der Bordingenieur John Bremner vermisst. Sechzig Jahre später meldete sich sein inzwischen 90-jähriger Kamerad, der sich damals mit dem Fallschirm hatte retten können. Er bat das Köpenicker Museum darum, bei der Suche nach John Bremner zu helfen.

Zeitzeugen meldeten sich, auch ein alter Nachbar aus dem Haus, in dem ich groß geworden bin. Der hatte offenbar als Jugendlicher den Absturz mitbekommen. Man durchsuchte gründlich den Waldboden an der einstigen Unglücksstelle und stieß tatsächlich auf die Knochen John Bremners. Das war im Mai 2006. Sie wurden von den Briten mit großen militärischen Ehren beigesetzt.

Als Kinder haben wir übrigens nur wenige Meter von der Absturzstelle entfernt im Wald Höhlen gebaut, mit Ästen und Zweigen über Erdtrichtern, die aus dem Krieg stammten. Wir trugen viel altes Zeug hin und her. Aber Knochen waren nicht dabei. Wir wussten auch nichts von einer Familie fern in England, die sich fragte, wo nur ihr guter John geblieben sei. Sein Geist hat Jahrzehnte lang um uns geschwebt, ohne dass wir es auch nur ahnten.

An all das dachte ich in der Nacht, während um mich her die Bäume ächzten und die Büsche rauschten.

Neulich ...

... im Salitos-Abteil

Als Jugendlicher verpasste ich einmal mitten in der Nacht die letzte S-Bahn. Ich musste ein paar Stunden im zugigen Warteraum auf dem Ostbahnhof sitzen. Neben mir hockten ein paar andere bleiche Gestrandete. Ab und zu kam die Transportpolizei vorbei, um sich Ausweise zeigen zu lassen und nach dem Woher und Wohin zu fragen. Die Kontrollen waren streng. Es gab ja Leute, die aus verschiedenen Gründen »Berlin-Verbot« hatten, damals, vor gut drei Jahrzehnten.

An die scharfen Blicke jener Ordnungskräfte des Transportwesens musste ich denken, als ich gerade wieder nachts in die S-Bahn-Feierzone geriet. Der Zug war knackevoll. Ein paar Jungs, Anfang zwanzig, hatten zwei Viererabteile besetzt. Einer der Sitze war von ihnen zum Altar für ausgesoffene Salitos-Pullen erklärt worden. Jeder hielt eine Flasche in der Hand, auf dem Boden wartete der Nachschub. Leute standen daneben und schielten auf den einzigen freien, aber mit Leergut belegten Sitzplatz. Trotzdem dominierte nachsichtige Heiterkeit.

Plötzlich stieg ein Polizist ein. »Eh, Alta!«, rief ihm einer der Feiernden zu, »wo is'n dein Fah'ausweis?« Er fuchtelte mit der Flasche. Alles grölte. Der Polizist grinste mit verlegenem Blick zum Fenster hinaus. Als sie Warschauer Straße ausstiegen, ließen die Jungs den gläsernen Altar zurück. Eine Frau sammelte die Flaschen in einen Stoffbeutel.

Apropos Stoffbeutel: Mir ist aufgefallen, dass sich nicht nur die Polizisten-Blicke verändert haben, sondern auch die Bedeutung vieler Dinge aus der Vergangenheit. Sogenannte Hipster, Hauptstadt-Jungmenschen, laufen heute mit Jutebeuteln, Hornbrille, Hochwasserhosen und 70er-Jahre-Vollbärten umher – genau den Accessoires aus meiner Jugendzeit, die ich eigentlich nie wiedersehen wollte.

Welch eine Renaissance! Welcher Sieg sinnfreier Kreativität über die Strenge der Vergangenheit! Berlin, du große Spielwiese! Du Heimat der Flaschenaltäre und Hipster, die Olympiaden veranstalten: mit Jutesackhüpfen, Hornbrillen-Weitwurf oder

Latte-Macchiato-Kekse-Stapeln. Wer würde nicht gern mitmachen bei solchem Wettstreit?

Bei mir reichte es damals nur zum Weitspucken. Im Wald. Mit meinem alten Schulkumpel.

Neulich ...

... auf dem Balkon

Nun sind sie weg, unsere Gäste. Und mit ihnen der Sound des Sommers. Abend für Abend saßen wir auf dem Balkon, während über unserem Haus Dutzende kleiner Sommerhelden tollste Flugkunststücke vollführten und übermütige Laute ausstießen: »Shrieh Shrieh«, »Swirrrii« oder »Sisisisi«.

Die Mauersegler kommen jedes Jahr für drei Monate: von Anfang Mai bis Anfang August. Ihr Element ist die warme Luft. Sind Tage besonders schön, feiern sie große »Screaming-Partys« mit wilden Flugspielen. Danach steigen sie in Höhen von bis zu 3 600 Metern auf, um segelnd die Nacht zu verbringen.

Sie brüten in Hohlräumen unter den Dächern unseres großen Wohnkarrees. Ein einziges Paar jagt täglich bis zu 20 000 Insekten. Drei Monate lang haben wir Dank unserer Sommerhelden keine einzige Mücke in der Wohnung.

Sobald die Tageslänge 17 Stunden unterschreitet, reisen sie mit ihren flügge gewordenen Jungen ab – egal, ob es noch warm ist oder nicht. Sie entfliehen dem nahenden Herbst ins südliche Afrika. Sie wissen: Nasskaltes Wetter ist ihr Tod.

Die wildeste Party feiern sie übrigens kurz vor dem Abflug. Es ist der letzte Sommerball über unserem Dach. Wir trinken unseren Wein dazu und lächeln. Manchmal würden wir gern mitfliegen.

Neulich ...

... aus dem Bahnhofslautsprecher

Auf meinem Umsteigebahnhof mitten in der Stadt war jetzt wieder mal dieser Zugabfertiger im Einsatz, der seine Kommandos immer so schön abkürzt. So ruft er zum Beispiel in sein Mikro, wenn der Zug nach Wartenberg oder sonst wohin abfahren soll: »Zurückbl-b!«

Berliner wissen, dass es eigentlich korrekt »Zurückbleiben, bitte!« heißt. Touristen aus Portugal, Frankreich oder Niederösterreich aber können mit diesem Kommando ohnehin nicht viel anfangen. Das mag auch der Grund sein, warum unser Beamter am Mikro das Ende so lässig verschluckt. Es interessiert ja eh keinen!

Doch warum greift man dann nicht gleich ganz auf die gute alte Pfeife zurück? Auf eine Tröte, Flöte oder Trompete? So mäandern meine Gedanken, während vor dem Zugfenster die Lichter der Großstadt vorbeihuschen. Ich denke an meine frühe Kindheit in den 60er-Jahren. Damals standen die S-Bahn-Beamten noch in straffer Uniform, mit Rot-Grün-Kelle neben dem Zug und riefen schneidig ihr »Zuurrrückbleiben, bitte!« über den Bahnsteig. Der Ruf bildete sozusagen die Essenz ihres Bahnerstolzes. Ist vielleicht fehlender Stolz der wirkliche Grund für die heutige Nachlässigkeit des Beamten am Mikrofon?

Ich habe die Vermutung, dass es mit Hartmut Mehdorn zu tun hat, dem einstigen Bahnchef. Wollte der nicht die Deutsche Bahn an die Börse bringen und dafür auf Effizienz trimmen? Wurden nicht deshalb – wenn ich mich recht erinnere – bei der S-Bahn jeder zweite Zug und die Bremsen eingespart, damit es sich am Ende noch rechnet?

So ein Zugabfertiger-Kommando kostet ja auch ganz schön was: Arbeitskraft und Zeit. Wenn unser Mann am Mikro statt »Zurückbl-b!« das korrekte »Zurückbleiben, bitte!« ruft, dauert das schätzungsweise eine Sekunde länger. Das macht bei etwa fünfzig Zügen in der Stunde in alle Richtungen schon fast eine Minute und im Verlaufe eines Arbeitstages bis zu acht (!) Minuten, in denen man etwas anderes machen kann, zum Beispiel Akten sortieren, Formulare ausfüllen oder bei den nahen Bauarbeiten helfen.

Wie? Das klingt unlogisch? Aber seit wann sind Sparmodelle logisch?

Neulich ...

... auf dem Floß

Meine jüngere Tochter ist achtzehn geworden und hat aus diesem Anlass mit Freunden eine Nacht auf dem Floß verbracht. So was tun sonst eigentlich nur Schiffbrüchige. Aber sie wollte es so. Also geschah es auch.

Die Flöße kann man sich am Müggelsee ausleihen. Sie sehen aus, als habe ein Sturm die Blockhütte eines Trappers aus Kentucky samt Veranda fortgerissen und in die Köpenicker Gewässer geworfen. Hinten ist ein Motor dran. Auf der Wand steht »Floß und los«.

Meine Tochter und ein paar Freundinnen fuhren also in die Abenddämmerung eines der letzten schönen Tage des Jahres hinein. Zuvor hatten sie das Floß mit Essen, Getränken, Kerzen und Lampions versehen. An einem lauschigen Anlegeplatz verbrachten sie feiernd die Nacht. Am Morgen fuhren sie zurück, in die aufgehende Sonne hinein. Das Wasser glitzerte golden.

Ich war ganz stolz. Wenn andere Kinder achtzehn werden, machen sie lauter teure Weicheier-Sachen. Sie trinken Champagner in Limousinen oder coolen »Locations«, essen fette Torte in Hotels, unternehmen eine Shoppingreise nach London, lassen sich den Führerschein spendieren, samt Auto dran.

Aber eine Nacht auf einem Floß! Das zeugt nicht nur von Robustheit, sondern auch von gewisser Abenteuerlust. Denn was lauern da nicht alles für Gefahren! Das ganze Floß könnte auf ein anderes Wassergefährt laufen und samt Nudelsalat, Fladenbrot und Kirsch-Porter umkippen.

Zugleich lässt sich solch eine Floßfahrt auch als eine Art Initiationsritual fürs Erwachsensein sehen. Sie steckt voller Symbolik: Man belädt das Schiff seines Lebens mit wichtigen Dingen! Man sucht sich gute Freunde, die einem treu sind, auch wenn man mal strandet! Man fasst ein Ziel ins Auge und nimmt das Steuer fest in die Hand!

»Blabla, Papa!«, höre ich meine Tochter sagen. »Wir wollten doch nur ein bisschen Spaß haben.«

Na ja, um es kurz zu machen: Zusammenstöße gab es nicht. Dafür seilten sich in der Floß-Hütte fette Spinnen von der Decke ab, was großes Geschrei auslöste. Aber die Tiere wollten sicher auch nur mal ein bisschen Spaß haben.

Neulich ...

... bei den Obdachlosen

Da liegen und sitzen sie nun, neben Krimskrams und Schnapspullen. Täglich geht man mitten in dieser Stadt an Obdachlosen vorbei, schaut ungerührt hin und geht weiter. Auch nachts begegnet man ihnen – wie den Schatten des schlechten Gewissens, das man früher einmal hatte.

Ich erinnere mich an jenen Tag, an dem ich meine erste Obdachlose sah. Es war vor dreieinhalb Jahrzehnten in einer polnischen Stadt. Auf dem Gehweg saß ein zahnloses Mütterchen und bettelte. Oh Schreck! Lange diskutierten wir in der Reisegruppe: »Mensch, die arme alte Frau!« – »Man muss der doch helfen!« Bettler und Obdachlose – das gab's doch nur im Kapitalismus. Das durfte doch nicht sein! Wir im Osten hatten alle einst »Timur und sein Trupp« gelesen, jenes Buch über einen russischen Jungen, der überall den Leuten half, damit niemand in Not lebte. Doch hier konnten wir nicht helfen.

Heute liegt das Timur-Buch im Keller in einer Kiste. Manchmal gebe ich einem der Leute auf der Straße einen Euro, aber die Grundfrage (»Das darf doch nicht sein!«) stelle ich mir nur ganz selten.

Irgendjemand hat mir neulich sogar erklärt, dass das Auf-der-Straße-Leben etwas mit Freiheit zu tun habe. »Dit sind freie EU-Bürjer. Die dürfen im öffentlichen Raum überall rumsitzen!«, sagte er.

Die Freiheit der Straße. Wurde sie nicht schon immer besungen? In einem mittelalterlichen Volkslied erzählt jemand, wie er sich von der Enge des Lebens befreite:

»Da traf ich einen Lumpen,

Der reichte mir die Hand.

Wir soffen aus einem Humpen,

Und strolchten durch das Land.«

Und unsere Mädchen sangen vor vierzig Jahren auf Wanderungen im Ferienlager ein Lied, das mit dem Refrain endete: »Ich bin ein Lump, ein Lump, ein liederlicher Lump. Ich bin ein lust'ger Vagabund.« Es klang nach reinem Spaß und sorgloser Ungebundenheit.

Auch der Sänger Tom Waits hat jüngst einen Gedichtband für Obdachlose geschrieben. Ein Text beginnt so:

»Ich bin eine Saat, die fällt

Auf den harten Boden

Den harten Boden

Den harten Boden.«

Eine fruchtlose menschliche Saat, eine weggeworfene Hoffnung – dieses Bild von Freiheit trifft es am Ende wohl wirklich am besten.

Neulich ...

... am Nachthimmel

Es scheppert gewaltig. Donnergrollen liegt über der dunklen Stadt. Dann knattert's, Geschosse platzen salvenartig. »Ab in den Keller!«, rufe ich, albern wie ich nun mal bin. Meine Frau tippt sich an den Kopf. In Wirklichkeit passiert nämlich nichts weiter, als dass wieder mal ein nächtliches Feuerwerk in den Himmel schießt, dieses Mal überm Autohaus an der Ecke. Andere Male rummst es über der nahen Kleingartenanlage, dem Sportplatz oder der Kneipe, wo Tante Hedwig ihren Sechzigsten feiert.

Ich erinnere mich, wie weit wir früher gefahren sind, um mal ein echtes Höhenfeuerwerk zu erleben. Die erste Erfahrung mit zerplatzenden Sternen und krachenden Böllern machte ich in den 60er-Jahren, auf einem Platz mitten in Berlin, zu irgendeinem Jubiläum. Mit elf Jahren erlebte ich dann das Feuerwerk zum Abschluss der X. Weltfestspiele 1973, auf den Schultern eines westdeutschen Abgesandten des MSB Spartakus sitzend. Die Streifen seiner Kordjacke konnte man noch länger als Abdruck auf meinen nackten Beinen sehen. Es war wie eine frühe Vorwegnahme der großen Wiedervereinigung! Der DDR-Pionier und der bundesdeutsche Student.

Damals hatte ein Feuerwerk auch noch was zu bedeuten. Doch heute? Heute herrscht der reine Pyromanenwahn. Ein Einkaufszentrum wird zehn Jahre alt – schon scheppert's. Der Kanuverein hat Sommerfest? Rumms! Firmen, Golfclubs, Hotels, Musikfestivals, Galopprennen – alle lassen es krachen. Auch zu Hochzeiten und runden Geburtstagen sind zehnminütige Profi-Feuerwerke bis zu einer Höhe von 350 Metern möglich, vorausgesetzt, man hat das nötige Geld. Pyrotechnik-Unternehmen bieten im Internet ihre Dienste an, als ginge es um die Ausrüstung eines Landheeres: »Dank der neuen Prüfnorm hat sich die Nettoexplosivstoffmasse (NEM) in Feuerwerksbatterien deutlich erhöht.«

Haben Forscher schon mal überlegt, was diese Ballerei für Folgen hat? Zwar werden auch sogenannte Flüsterfeuerwerke angeboten – schall- und raucharm. Aber so ein Vogel ist ja auch nur ein Mensch. Er denkt vielleicht jedes Mal, es gewittert, und fällt ohnmächtig von der Tanne. Und der Fledermaus verblitzt es das Sonar.

Was Hochzeiten betrifft, gebe ich zu bedenken: Auch das tollste Feuerwerk für 27 000 Euro ist noch keine Garantie für die Beständigkeit der Beziehung. Irgendwann heißt es dann: »Schatz, erinnerst du dich noch an unser schönes Feuerwerk?« – »Ja, am liebsten hätte ich dich schon damals mit hochgeschossen!«

Neulich ...

... während der digitalen Bettflucht

Computer machen dumm, behauptet der Hirnforscher Manfred Spitzer. Er nennt es digitale Demenz. Ich würde eher den Begriff digitale Bettflucht verwenden, in Anlehnung an die aus der Forschung bekannte senile Bettflucht, bei der alte Leute viel zu früh erwachen und aufstehen. Bei der digitalen Fluchtform dagegen geht man erst gar nicht ins Bett.

Es ist schon erstaunlich, wie effektiv der Computer die Müdigkeit verscheucht. Vor dem Fernseher und mit einem Buch in der Hand pennt man irgendwann ein. Am Computer dagegen guckt man nach einer gewissen Zeit auf die Uhr und sagt: »Huch, schon halb drei!! Wann ist denn das passiert?«

Es ist aber auch spannend, womit man sich die ganze Zeit so beschäftigt. »Du verpasst Flirts«, mailt mir eine Dating-Agentur, bei der ich überhaupt nicht angemeldet bin. Zugleich lockt bei Facebook eine Anzeige mit »Menschen in Ihrem Alter« und fordert mich auf, seniorbook.de beizutreten. Was davon stimmt nun wirklich? Bin ich im besten Flirtalter? Oder reif für den Seniorenclub? Vielleicht auch beides. Zumindest hat mich die digitale Bettflucht dazu gebracht, über mich und mein Alter nachzudenken. Natürlich ohne Ergebnis.

Allerdings kann man die Zeit auch nutzen, um Musik zu hören, Filme zu gucken oder wirklich etwas dazuzulernen – etwa über Berlin. Denn Computer machen klug, Herr Spitzer. Nicht dumm. Jawoll!

Ich erinnere mich zum Beispiel daran, wie herzlich meine Verwandten aus dem waldreichen Thüringen einst lachten, als sie sahen, dass in Berlin die Bäume nummeriert sind. Und ich habe mal nachgeguckt. Es stimmt: Berlin hat genau 435 680 Straßenbäume, teilt mir eine offizielle Stadtseite mit. Die Zahl wird gewiss etwas schwanken, genau wie die Bäume im Herbststurm.

Interessant ist in diesem Zusammenhang, dass auf einen Baum drei Autos kommen. Die Chance, gegen einen Baum zu fahren, ist also in Berlin recht gering. Dafür gibt es laut Statistik für einen Berliner Hund genau vier Bäume. Er kann also gründlich abwägen, an welchen er pinkelt.

Und das ist noch längst nicht alles. Die Stadt hat 74 000 Kleingärten. Wenn man diese in Parkraum umwandelte, hätten in jedem Kleingarten etwa 18 Autos Platz.

Ach, ich könnte ewig so weitermachen. Doch auch die schönste Konzentration endet einmal – und geht ohne Pause in wilde Träumerei über. Herunterfahren. Aus die Maus. Und ab. Vielleicht doch noch ins Bett?

Neulich ...

... im Halloween-Fieber

In dieser Woche steht er wieder bevor, der Quatsch. Gemeint ist die Halloween-Nacht. Wir haben Familienrat gehalten und überlegt, ob wir uns im Keller verbarrikadieren, uns dann aber entschieden, offensiv zu werden. Vergangenes Jahr verteilten wir nämlich den ganzen Abend lang tonnenweise Süßes an schlecht verkleidete Nachwuchs-Erpresser, die »Süßes oder Saures« piepsten. Trotzdem wurde in der Nacht das Klingelbrett der Haustür mit Zahnpasta beschmiert. Frechheit!

In diesem Jahr wird zurückgegruselt, haben wir im Familienrat beschlossen. Meine Tochter überlegt, ob man nicht eine Hexe mit Knochenfingern auf eine Schiene montieren könnte, die mit schrillem Kreischen aus dem dunklen Hausflur auf die Eindringlinge zugerast kommt, sobald sich die Tür des Mietshauses öffnet. Ich glaube, das würde sie sogar hinkriegen. Es ist ja noch Zeit.

Meine Frau meint, dass man die kleinen Banausen beim Wort nehmen und die Nacht historisch angehen sollte. Sie will zu den marodierenden Bettelbanden sagen: »Wisst ihr eigentlich, was ihr da feiert? Ich würde an eurer Stelle schnell nach Hause eilen. Denn heute ist Halloween, die Nacht, in der die Seelen der Verstorbenen auf die Erde zurückkehren. Husch, husch! Vielleicht sitzt ja schon jemand auf eurem Bettchen!«

»Das keltische Samhain!«, würde ich dann mit Grabesstimme rufen. »Noch nie was von gehört? Wie? Ihr habt nicht im Internet vorher nachgeguckt, wo ihr doch ständig davor sitzt? ... Der leuchtende Kürbis ist übrigens die Laterne des toten Jack Oldfield, der den Teufel überlistet hat und nun auf der Erde herumirrt!« Dass die Kirche einst dem schönen alten heidnischen Kelten-Fest mit seinen aufgepfropften Allerheiligen den brutalen Grusel nahm – dafür können wir nichts. Man könnte dennoch mal wieder daran erinnern, dass die alten Druiden den Toten in jener Nacht auch Kinder geopfert haben sollen. Im brennenden Weidenkorb. Vielleicht ist es nur ein Gerücht. Doch wer weiß das schon so genau. »Als Kind würde ich heute Nacht jedenfalls nicht draußen herumlaufen.«

Halloween-verblendete Eltern denken auch nicht darüber nach, dass es schon ein gewisses Risiko ist, wenn Kinder plötzlich einen Abend lang das tun dürfen, wovor sie das ganze Jahr über gewarnt werden: von Fremden Süßigkeiten anzunehmen. Ich bin schon dabei, Ekel-Drops zu rollen. Was wird wohl besser weggehen: Katzenpisse-, Popel- oder Käsefußgeschmack?

Neulich ...

... in der Heizsaison

Heizsaison? Dieses Wort bedeutet heute kaum noch etwas. Es bezeichnet lediglich die Zeit, in der man die Heizkörper in der Wohnung aufdreht, damit man auch nachts um null Uhr dreißig noch im T-Shirt vor dem Fernseher sitzen kann. Alle Türen der Wohnung sind aufgerissen, und die Tochter läuft auf Socken umher.

Als ich selbst noch Kind war, sah das ganz anders aus. In jedem Zimmer der Wohnung standen Öfen. Jeder musste an jedem Morgen beheizt werden, damit man in der Bude nicht erfror.

Die Heizsaison begann schon im Sommer. Denn rechtzeitig waren Kohlen zu besorgen. Fuhrwerke rumpelten durch die Stadt, schwarz eingestaubte Männer mit Kiepen schütteten Kohlen in den Keller. Von meinem Vater lernte ich, die Brikettreihen wandhoch zu stapeln, und zwar so, dass sie nicht wieder einstürzten. Ebenso das Feuerholz. Ein halber Sonntag ging dafür drauf. Am Ende kletterte man in die Badewanne, um den Dreck aus allen Poren zu schrubben.

Und dann die tägliche Schlepperei – Kohlen hoch, Asche runter. Manchmal brannte ein Müllkasten und verpestete die Gegend. Das Heizen war eine Kunst. Zeitungspapier (das war damals überlebenswichtig!) musste locker geknüllt werden, darauf kam ein kleines Gebilde aus Holz und Kohleanzünder. Und wenn alles schön brannte, musste man die Kohlen versetzt drauflegen, aber so, dass das Feuer nicht gleich wieder ausging und die ganze Wohnung vollqualmte.

An den Wochenenden begannen in der Stadt Zehntausende Öfen zur selben Zeit zu bullern. Schwaden von Rauch zogen durch die Straßen und färbten den frisch gefallenen Schnee schwarzgrau oder aschebraun. Ach, selig vertraute Kindheitserinnerungen: Qualmgeruch und Ascheschnee!

Wie gut haben wir es dagegen heute, wo das Wort Heizsaison nur noch die Zeit meint, in der man die Heizungen aktiviert! Aber eine Sorge beschäftigt mich immer wieder: Wehe, wenn der Russe den Gashahn abdreht, das Kraftwerk streikt oder eine größere Katastrophe passiert. Dann werden wir innerhalb weniger Stunden merken, wie abhängig wir sind von dieser Wärme, die da von außen ins Haus kommt.

Warum lässt man bei Häusersanierungen nicht wenigstens einen einzigen Ofen stehen – für den Notfall? Dann könnte man, wenn man schon keine Kohlen hat, seine Möbel verheizen. Besser jedenfalls, als zu erfrieren. Die ganze Familie würde sich im einzigen warmen Raum der Wohnung zusammendrängen. So wie einst auf alten Ritterburgen. Da gab es auch nur einen beheizbaren Raum, genannt »Caminata«, weil dort der Kamin stand. Später wurde daraus die uns gut bekannte Kemenate.

Neulich ...

... auf dem Weihnachtsmarkt

»Die wilde Maus, die reicht mir aus«, reime ich fröhlich. Damit meine ich diese Einsteiger-Achterbahn auf dem Weihnachtsmarkt am Alex, die eher rumpelt statt saust und deren Abwärtsfahrten auch für Vierjährige erträglich sind. Obwohl – die heutigen Vierjährigen ... naja.

Ich will damit nur sagen, dass vorweihnachtliche Fahrgeschäfte für mich eine gewisse Dynamik nicht überschreiten sollten. Mir wurde bereits schwindlig, als ich als Kind las, wie Alfons Zitterbacke, einer meiner Kinderbuchhelden, auf dem Rummel Kettenkarussell fährt, weil er Kosmonaut werden will. Für zehn Mark! Das war eine Endlostour damals.

Und wehe, irgend so ein Gerät sackt auch noch heftig in die Tiefe oder steht auf dem Kopf. Dann weiß mein Gleichgewichtssinn nicht mehr, was los ist. Er ist nämlich leicht irritierbar. Vor einem Jahr tobte ich auf dem Weihnachtsmarkt mal über eine Spaß-Hindernisanlage mit Rollen, Matten und anderem Zeugs. Es klappte gut. Doch dann kam eine sich drehende Trommel. Ich dachte: Is ja piepel! Kaum war ich drin, riss es mir die Beine weg. Ich stand auf, lief zwei Schritte und fiel wieder hin. Am Ende kollerte ich in dem Ding umher wie 'ne Socke in der Waschmaschine. Meine Frau sagt: »Du musst immer bergauf laufen, dann kommst du durch!« Aha, bergauf laufen, in einer Trommel!

Ich bin auch ziemlich suggestibel. Ich merke mir alles, was auf dem Rummel passieren kann: 2009 mussten mal zwanzig Leute auf dem Riesenrad ausharren, eine halbe Stunde, in großer

Höhe, bei Eiseskälte. Auf dem Weihnachtsmarkt war der Strom ausgefallen. Mehrere Male hingen Besucher wegen irgendwelcher Defekte in Looping-Gondeln fest, einmal sogar kopfüber. Da kommt dann irgendwann das Mittagessen wieder vorbei und sagt: Upps, guten Tag!

»Eh, nur die Harten komm' in Jarten«, höre ich meinen alten Schulkumpel rufen. Der Weihnachtsmarkt sei ja schließlich kein Spaß. Und jeder kernige Berliner müsse sich immer fragen: »Biste'n Mann oder 'ne Maus?«

Als ob Mäuse gerne Karussell führen. Und wenn sie's tatsächlich tun, dann singe ich mit ihnen mein Liedchen: »Die wilde Maus, die reicht mir aus!«

Neulich ...

... nach der Feier

Manchmal kann man in Berlin eine allerliebste Spezies beobachten, die in ihrer größten Ballung nur zu einer bestimmten Jahreszeit auftritt: Das sind die Vorweihnachts-Betüterten. Sie treten oft in Form gackernder Damenrunden auf. Und man kann ihnen überhaupt nicht böse sein.

So wie diesen beiden hier: zwei rundliche Damen, die Ältere vom Typ nette Sachbearbeiterin, konservativ frisiert, die Jüngere etwas aufgebrezelt, mit schwarzen Korkenzieherlocken. Sie steigen mitten in der Nacht in die Bahn und lassen sich mir gegenüber kichernd auf die Bank fallen. »Psssst!«, sagt die Jüngere.

»Hier sin so ville Leute!« Die Ältere: »Hoffnlisch stört's keinen, dass wir ein bisschen betrunken sind! ... Gott sei Dank kennt uns keiner.« Beide prusten los vor Albernheit.

Die Jüngere fummelt ihr Handy heraus, um jemanden anzurufen. »Halloo, ja? Wir komm grad von der Weihnassfeier und sitzen in der U-Bahn ...« – »S-Bahn«, korrigiert die Ältere. »Kannstu mich abholn? ... Ja, was? Ja, wir haben einen Schwips!« – »Jawoll, einen Schwips«, sagt die Ältere. Sie hat die Füße weit von sich gestreckt und seufzt: »Hei, ist das Leben schön!« Aus tiefstem Herzen.

Ich muss lächeln, drücke mich in meine Sitzecke und schließe die Augen. »Pssst«, sagt plötzlich die Ältere, »der Herr da drüben will schlafen! Ist bestimmt müde.« Sie beobachtet mich eine Zeit lang. Dann sagt sie: »Der ist nett, der schmunzelt immer zwischendurch. Der ist sicher nicht böse, dass wir einen Schwips haben.«

Beide beginnen nun zu beratschlagen, ob sie mir ein Gutenachtlied singen sollen. »Der Mond ist aufgegangen?« – »Oder lieber ein Weihnachtslied? – »Nee!« – »Lieber den Mond.« Und schon hebt die Ältere mit einer erstaunlich klaren Stimme zu singen an: »Seht ihr den Mond dort stehen. Er ist nur halb zu sehen. Und ist doch rund und schön ...« Die andere schmeißt sich weg vor Lachen. Ich verziehe mein Gesicht, bis ich wirklich das Gefühl habe, wie ein Mond auszusehen. »Guck, jetzt schmunzelt er wieder!«

Ostkreuz. Ich muss aus der Bahn. Hinter mir höre ich noch einmal den Ausruf: »Hei, das Leben ist schön!« Ja, denke ich, das stimmt. Direkt zum Knuddeln.

Neulich ...

... zur Jahreswende

Am liebsten würde ich in der Silvesternacht gar nicht mehr auf die Straße gehen. Jedenfalls nicht ohne Schutzausrüstung. Das letzte Mal erlebte ich in Schöneweide, wie angetrunkene Bekloppte mit Feuerwerkskörpern gezielt auf vorübereilende Fußgänger schossen. Man konnte den »bestrichenen Raum« (militärisch für Wirkungskreis von Feuerwaffen) nur unter Nutzung aller vorhandenen Deckungsmöglichkeiten passieren.

Dabei hatte die Knallerei in früheren Zeiten durchaus mal einen Sinn, auch wenn man's heute nicht mehr glauben mag. Böse Geister sollten vertrieben, das neue Jahr begrüßt werden. In der Schweiz schlugen Bauern zum Glockengeläut auf Bretter, um das alte Jahr auszudreschen.

Es gab und gibt noch andere schöne Bräuche. In Italien soll man in der Silvesternacht unbedingt rote Unterwäsche tragen, weil das Glück bringt. In Mexiko stellt man einen Besen vor die Tür, der alles Unerledigte aus dem alten Jahr wegfegen soll. In Spanien isst man um Mitternacht zwölf Trauben, für jeden kommenden Monat eine.

Überall wird sicher auch geknallt. Aber so militant-verbissen? In Berlin fallen einem jedenfalls vor Schreck die Trauben aus dem Mund. Die Besen fliegen als Raketen durch die Luft, und die rote Unterwäsche geht in Flammen auf, wenn man nicht aufpasst. Silvester bedeutet, dass die Leute Unmengen an Sprengstoff auf die Straße wuchten, als wollten sie eine Schlacht führen.

Ich kannte einmal einen Ex-Polizisten, der stürzte mit Signalpistole hinaus, um die Munition in die Luft zu ballern. Als ich ihn fragte, warum er im Winter mit freiem Oberkörper herumspringe, sagte er: »Ick bin doch keen Weichei!«

Nee, für Weicheier ist der Berliner Jahreswechsel nichts. Ich denke dabei immer an einen inzwischen verstorbenen Bekannten, der mir als fast 100-Jähriger einmal sagte: »Du, Torsten, wenn die Knallerei da draußen losgeht, erinnert mich das immer an 1923.« Mein Bekannter hatte nämlich als junger Mann in Hamburg an einem kommunistischen Aufstandsversuch teilgenommen. Tagelang lieferten sich Hunderte Proleten blutige Kämpfe mit der Polizei und Marinesoldaten. Mein Bekannter überlebte es. Doch bei der Silvesterknallerei verkroch er sich immer in seiner Bude. Wenn ich das neue Jahr wäre und man mich so begrüßte, würde ich schleunigst das Weite suchen und rufen. »Äh! Haut ab! Bleibt doch in eurem alten Jahr!«

Neulich ...

... am Neujahrsmorgen

Das neue Jahr ist jung und frisch. Ich treffe auf der Straße meinen alten Schulkumpel. »Mann, bin ick müde!«, sagt er. »Die Klüsen fall'n ma ständig zu.« – »Aber so begrüßt man doch nicht das neue Jahr!«, entgegne ich. Er darauf: »Ach wat, ick penn' jetzt erst mal'n paar Wochen!«

Ich gebe zu, jeder Berliner müsste mal ein bisschen Ruhe halten nach all der Aufregung der letzten Wochen. Getreu dem Motto von Karl Valentin: »Wenn die stille Zeit vorbei ist, dann wird es auch endlich wieder ruhiger.« Doch kann der Berliner das überhaupt?

Der Mann, der in den vergangenen Wochen bei uns in der Bahnhofstraße Crêpes verkaufte, bezweifelt das. Er kam aus Duisburg und sagte: »Man wird irre, wenn man hier den ganzen Tag steht. So viel gehupt wie in Berlin wird nur noch in Kairo.« Gerade noch rechtzeitig vor der Silvesternacht – mit Krach, Rauch und Verwüstung eine Schlacht wie aus dem Dreißigjährigen Krieg – hat er seine hölzerne Bude abgebaut.

Der Begriff Ruhe wird in Berlin meist als Imperativ genutzt: »Ruhe! Hier wohn' ooch noch andere!« – »Ruhe! Jetz komm ick!« Natürlich »chillt« man hier auch mal, nach irgendeiner Party, haut sich »'ne Stunde uffs Ohr« oder »horcht an de Matratze«. Aber das bedeutet noch lange keine innere Ruhe.

Unsere Vorfahren, die Urururur-Berliner aus der Bronzezeit von vor 3 000 Jahren, werden sie sicher noch gehabt haben, diese Ruhe. Ein Dorf aus jener Zeit, 1955 in Berlin-Lichterfelde ausgegraben, besaß Häuser mit lehmverkleideten Wänden und Dächern aus Schilf oder Stroh. Was machte man in so einem Dorf, wenn im Winter alles eingeschneit war? Man legte sich neben seine pupsenden Rinder und döste vor sich hin.

Später kamen Germanen aus dem Westen und Slawen aus dem Osten, Kaufleute vom Rhein, Leute von überall her. Und irgendwann war er da, der ewig ruhelose Berliner. Über diesen schrieb schon Kurt Tucholsky 1919. »Er hat immer etwas vor, er telefoniert und verabredet sich, kommt abgehetzt zu einer Verabredung und etwas zu spät – und hat sehr viel zu tun.«

Mir ist das aber jetzt egal. Ich zieh mich zum Winterschlaf zurück. Mindestens bis morgen. Tschüss!

Neulich ...

... in der Nachbarsiedlung

»Große Fenster wünsch ich allen Menschen, die Gardinen spärlich nur und dünn«, hieß es einst in einem Song einer Band namens Electra. Er ist mir wieder eingefallen, als ich gestern Nacht auf dem Heimweg durch die neue Siedlung ging, die ganz in unserer Nähe hochgezogen wurde.

Buh, dachte ich, die Leute leben ja direkt im Schaufenster! Die Fenster sind so groß, dass sie die gesamte Raumbreite einnehmen und bis zum Boden reichen. Hach, sieh mal, der bullige, finstere Typ, der dir ab und zu mal auf der Straße begegnet, trägt Pittiplatsch-Hausschuhe! Und dort sitzen ein paar Leute um einen Tisch herum, auf dem Kerzen stehen. In der Wohnung nebenan tippeln nackte Füßchen auf dem Boden umher, von einem Kind, das wohl nicht schlafen will. In einer Küche steht ein Mann im Unterhemd an der Spüle. Auf dem Boden am Fenster türmen sich die Einkäufe des Tages.

Alles wirkt so wie in diesem Sims-Computerspiel, das meine Kinder früher so liebten, wo man Herr über Leute ist, die in Häusern ohne Wände und Dächer wohnen.

Ich weiß nicht, wann das begann mit diesen Riesenfenstern. Sind Steine plötzlich so teuer geworden oder das Glas so billig?

»Bodentiefe Fenster ermöglichen grenzenlosen Ausblick«, wirbt eine Baufirma. Kann ja möglich sein. Aber zugleich ist auch der Einblick grenzenlos.

Ich höre schon das Gemeckere: »Sie müssen ja nicht nachts herumlaufen und in die Fenster glotzen!« Ja, muss ich nicht. Stimmt. Aber manchmal habe ich den Eindruck, dass Leute ganz bewusst ihr Leben zur Schau stellen wollen. Guckt mal, unsere tolle Edelstahlküche! Und unser super Flachbildschirm!

Vielleicht soll mit dieser Bauweise auch eine soziale Utopie verwirklicht werden, wie sie jene DDR-Band einst beschwor:

»Keine Lüge kann ihr Nest mehr bauen

im Geheimen, weil sie jeder sieht.

Und von Mensch zu Mensch wächst ein Vertrauen,

das girlandengleich sich durch unsere Städte zieht.«

Was alle Utopisten dieser Welt nicht geschafft haben, schafft die Bauindustrie: grenzenlosen Einblick und grenzenloses Vertrauen. Na ja, an Letzterem zweifle ich ein bisschen. Meine Frau murmelt jedenfalls oft, wenn es draußen vor den Fenstern dunkel wird, etwas vom »Rohwedder-Syndrom«. Wer wissen will, was sie so beunruhigt, der soll im Internet die Begriffe »Rohwedder« und »1991« eingeben. Ich jedenfalls ziehe dann immer schnell den Vorhang zu.

Neulich ...

... in der stinkfaulen Wohnung

Andere trinken direkt vor dem Schlafengehen heißen Tee mit Honig. Ich dagegen gucke schnell noch mal in meine Mails. Könnte ja sein, dass nachts um halb eins die Sensation passiert. Stattdessen stoße ich auf eine Mail mit der Frage: »Sehr geehrter Herr Harmsen, denkt Ihr Zuhause schon mit?«

Ein Werbe-Unternehmen versucht mich von den Vorteilen intelligenter Haustechnik zu überzeugen. »Vom Kühlschrank bis zur Jalousie: Wenn alle elektrischen Helfer in den eigenen vier Wänden zusammenarbeiten und sich automatisch regeln, nennt man das: Smart Living.«

So ein Quatsch, denke ich. Die Frage hat mich dennoch gepackt. Und plötzlich entdecke ich die schlimme Wahrheit: Mein Zuhause denkt überhaupt nicht mit! Es ist richtig stinkfaul, wie Graf Koks. Sitzt nur da und lässt sich bedienen. Alles muss man allein machen.

Ich stelle mich also im Schlafanzug in den Flur und halte – während meine Frau verwundert den Kopf schüttelt – eine Rede an meine Wohnung: »Hör mal, du Vier-Wände-Faulsack! Ab morgen wird hier alles anders! Wenn früh der Wecker klingelt, möchte ich, dass der Toaster schon mal anfängt vorzuheizen und der Wasserkocher blubbert, wenn ich aus dem Bad komme.«

»Der Rasierer«, setze ich fort, »könnte mir ruhig mal auf halbem Wege entgegeneilen, statt lethargisch rumzuliegen und zu warten, bis ich nach ihm greife. Wenn man sich nämlich nur ein bisschen für seine Aufgabe interessiert und genau hinguckt, dann sieht man schon, ob für das Bart-Trimmen die Stufe drei oder vier eingestellt werden muss. Das kann doch nicht so schwer sein.« Jeder elektrische Helfer bekommt sein Fett weg. Warum muss ich beim Fernsehen das Programm selbst suchen? Kann das dumme Gerät nicht meine Stimmung erspüren? Dann weiß es doch, ob mir heute nach Krimi, Musikcharts, Romanze oder Hitlers Hund ist. Warum gibt es keinen Müdigkeitsmesser, der mit der Espressomaschine in der Küche verbunden ist? Wieso kann der Kühlschrank nicht Musik machen? Es gibt Künstler, die daraus irre Loops basteln. Meiner steht aber nur dämlich rum.

Mitdenken, Leute, mitdenken!

Neulich ...

... in der Kälte

Ich gehöre einer Generation an, die Probleme mit Kopfbedeckungen hat. Irgendwann ließen wir in den 60er-Jahren Geborenen die Bommelmützen und Tschapkas unserer Kindheit hinter uns und standen ohne generationsprägendes Modell da – sieht man mal von der Kapuze des Parkas ab. Ich gebe zu: Noch heute laufe ich sogar in tiefster Nacht und bei minus zehn Grad ohne Kopfbedeckung umher.

Eines kalten Winterabends traf ich auf der Straße meinen Vater. Seine ersten Worte waren: »Wo ist deine Mütze?« Wohlbemerkt, ich war schon fast fünfzig Jahre alt. Aber seine Frage erschien berechtigt. Woher kommt nur diese Mützenlosigkeit meiner Generation? Offenbar haben viele von uns bis heute nicht das Passende gefunden. Nicht wenige wollten einst ihre langen Haare nicht verstecken. Ein paar trugen Revoluzzer-Barette wie Che Guevara. Ich träumte ein bisschen von einer Mütze, wie sie die Beatles im Film »Help« trugen, als sie verfroren auf dem Feld standen. Aber an so etwas kam man ja nicht ran.

Andere Generationen hatten es da leichter. Auf einem Berliner Straßenbild von vor genau hundert Jahren sieht man: Alle Herren tragen Hüte, die Frauen führen sogar recht ausladende Modelle spazieren. Das Militär hat Pickelhauben auf. Es herrschte Einheitsmode.

Heute dagegen herrscht die Mützenanarchie. Siebzigjährige Herren tragen karierte Schieber-, Thälmann- oder Schmidt-Mützen. Ihre Frauen haben Strick-, Fell-, Basken- oder ballonartige Mützen auf. Junge Frauen führen mutig farbenfrohe Wollteile mit und ohne Schlappohren spazieren. Coole Jungs tragen nicht mehr nur Basecaps, sondern Skimützen, darunter knallbunte Exemplare. Nie und nimmer wären wir mit so was rumgelaufen. Und schon gar nicht mit tellergroßen Kopfhörern.

Und dann gibt es noch diese sackartigen Mützenauswüchse im Nacken. Frauen können darin wunderbar ihre Haare unterbringen. Aber warum tragen Männer so was? Und warum muss man auch im Sommer Häkelmützen aufsetzen?

Jedenfalls bin ich jetzt soweit, die Tatsache zu akzeptieren, dass die meiste Körperwärme über den Kopf abgegeben wird. Ich habe immer eine schwarze, unauffällige Skimütze dabei, die ich bei Bedarf aus der Tasche ziehen kann. Um sie dann schnell wieder wegzustecken. Ich glaube, ich muss noch ein bisschen an mir arbeiten. Oder es muss wirklich mal sibirisch kalt werden.

Neulich ...

... im Hochparterre

In einem Mietshaus parterre (frz. ebenerdig) zu wohnen, hat viele Vorteile. Wenn man spät abends nach Hause kommt, schwer betrunken oder einen Reisekoffer buckelnd, muss man nicht erst mehrere Treppen nach oben keuchen, sondern schließt einfach die Wohnungstür auf und lässt sich in den Flur fallen. Aber es hat auch Nachteile, unten zu wohnen. Unsere Wohnung liegt im Hochparterre, eine halbe Treppe hoch. Und oft haben wir den Eindruck, wir hätten den Mietvertrag nicht richtig gelesen. Irgendwo muss da stehen: »Der Mieter verpflichtet sich unter Ziffer 0815/4711 des Weiteren, die Obliegenheiten eines Pfört-ners zu übernehmen. Geld gibt's dafür aber nicht. Basta! Puste-kuchen!«

Offenbar hat sich bei vielen Leuten eine noch aus der Kaiserzeit stammende Regel eingeprägt: Wer unten wohnt, ist rund um die Uhr ansprechbar. Denn unten wohnt ja der Portier. Will zum Beispiel irgendjemand Werbeblättchen in die Briefkästen werfen, drückt er auf den untersten Knopf der Türanlage. Dabei hätte der Mieter im obersten Stockwerk denselben Weg vom Klo zum Türdrücker, mit der Hose auf Halbmast.

Oft fällt man früh um sieben aus dem Bett, auch samstags, weil der Paketdienst unten klingelt: »Hallo, wir haben hier was für ihren Nachbarn. Können Sie die Sendung freundlicherweise annehmen?« Na klar doch! Wöchentlich stapeln sich bei uns die Pakete. Wir sind die hauseigene Poststation.

Jeder klingelt unten: der Handwerker, der in den Keller muss, die Kinderbanden auf ihrer Halloween-Betteltour, Leute, denen die Katze entlaufen ist, religiöse Sekten ...

Dabei ist natürlich auch die Art der Klingel selbst wichtig. Diese Kleinigkeit entscheidet nicht selten über Leben und Tod, was das Schreckpotenzial betrifft. Neulich hat man zum Beispiel in unserem Haus die zentrale Schließanlage ausgewechselt. Plötzlich dudelte in voller Lautstärke Mozarts »Türkischer Marsch« an der Tür. Ich fiel fast vom Stuhl. Gott sei Dank ließ sich der Klingelton umprogrammieren.

Wir suchten also: »Pour Elise« (och, nööö!), »Horch, was kommt von draußen rein« (wie witzig!), der Big Ben (klingt nach Omas Standuhr). Am Ende entschieden wir uns für eine Art Flughafen-Gong: »Bimm-bamm-bumm«, letzter Aufruf für Familie H. ... Da hat man wenigstens das Gefühl, jederzeit davonfliegen zu können.

Neulich ...

... nach dem Englischkurs

Einmal in der Woche fahre ich zum privaten Englischunterricht irgendwo in der Stadt. Manchmal sitze ich danach mit dem Lehrer noch beim Wein zusammen. Wieder einmal wurde es halb eins in der Nacht, und ich nahm mir ein Taxi. Leider konnte ich sprachlich nicht so schnell umschalten und begann, mein Fahrziel auf Englisch herunterzustottern. »Wir sind hier nich in Nottinghämm. Hier kannste ooch Deutsch reden«, sagte der Fahrer.

Ich erzählte ihm, woher ich gerade komme. Nach einer Weile sagte er: »Ick zieh ja meen Hut vor Leute, die nebenbei Sprachen lernen. Ick hätt jar nich die Zeit dazu.« Aber Deutsch, so fuhr er fort, sei ja wohl die schwerste Sprache der Welt. »Übaleech ma: Die armen Leute, die dit lern' müssen. Da jibt et jar keene Regeln. Nehm wa ma det Wort koofen. Wenn de wat jekooft hast, heißt det: Ick koofte. Oder: Ick habe jekooft.« Stimmt, dachte ich. Er war trotz seines heftigen Dialekts offenbar ein sattelfester Hobby-Sprachforscher.

»Dit selbe Wort mit 'nem andern Buchstaben vorn sprichste aba janz anders aus. Zum Beispiel loofen statt koofen. Kannste sagen: Ick loofte in Laden? Oder: Ick habe jeloof? Nee, kannste nich. Da heißt es: loofen, lief, jeloofen! Dit soll sich eena merken.« Er schüttelte wieder den Kopf und suchte ein drittes Beispiel. Ich sagte: »Saufen.« Er stutzte einen Moment und sagte dann: »Stimmt. Soofen, soff, jesoffen. Da kannste völlich durcheinander komm'.« Eine Weile war Stille. Dann sagte er plötzlich: »Stell dir ma vor, eena sagt: Ick loofte in Laden, koff mir een Kasten Bier und sief den janzen Abend lang.« Ich lachte.

Der Wagen war am Ziel angekommen. Ich bezahlte und wollte eine Quittung haben. Er zog den Block, fand aber keinen Stift. »Ick gloobe, der is irgendwo vaschollen«, sagte er. Ich gab ihm meinen.

Während ich die Tür aufschloss, dachte ich: Verschollen, das ist auch so ein schönes Wort. Aber bevor etwas verschollen ist, muss es ja erst mal verschallen. Wo ist das Wort nur geblieben? Ist es auch einfach so verschollen? Mit dieser Frage konfrontierte ich meine Frau. »Ich denke, du hast den ganzen Abend Englisch gelernt«, sagte sie. Da hatte sie nun auch wieder recht.

Neulich ...

... auf dem Trip nach London

Die Familie war in der britischen Hauptstadt. Und wir stellten fest, dass wir Berliner auf dem Weg zur Weltstadt noch viel lernen können. Vor allem humorvoll-freundliches Leiden. Ich habe es erst jüngst wieder erlebt. Ein Mann stieg mit finsterem Gesicht in die überfüllte Berliner S-Bahn ein und raunzte die Leute an: »Ick denke, die ham so ville erschossen anne Mauer. Also, ick merk davon nüscht!« So etwas wird man nur bedingt als humorvollen Umgang mit den Misshelligkeiten des Alltags anerkennen.

Tritt man dem Berliner auf den Fuß, blubbert er: »Der Unterste war meina!« Ein Londoner dagegen sagt: »Sorry, my fault«. Als ich in London, in die U-Bahn hineingequetscht, unseren Riesenkoffer drei Leuten auf die Füße stellte, da erntete ich ein dreifaches Lächeln: Ach, macht doch nichts! (In Berlin hätte es geheißen: »Wolln'se sich nich gleich noch mit ruffsetzen?«) Ein Mann sinnierte heiter, wie gut doch die alte »Tube« dafür sorge, dass man es immer schön warm habe. Als endlich für mich die Ausstiegs-Station kam, Gott sei dank auch noch auf meiner Seite, da sagte er in schönstem Londinisch: »It seems yo' lucky Daiiii!«. Wir lachten. Glückstage kann jeder mal gebrauchen.

Neulich ...

... bei der Verkleidungs-Party

Meine Tochter und ihre Freundin wollten zur Party gehen – zu einer der Berliner Partys, die nicht vor halb eins in der Nacht beginnen. Man sollte sich irgendwie verkleiden, obwohl doch der Karneval – oder Fasching, wie man hierzulande sagt – längst vorbei ist. Also kramten beide in unserem Schrank herum. Sie fanden eine olle Kapitänsmütze und meinen alten Hut.

Mein alter Hut hatte fast dreißig Jahre Ruhe gehabt, bis er jetzt wieder zum Einsatz kam. Mit ihm hat es eine besondere Bewandtnis. Denn er kann zaubern. Jedenfalls konnte er das, als ich ein Jugendlicher war. Damals trugen viele Jungen lange Haare, manche bis über die Schultern. Ich war da eher gemäßigt. Bei mir verdeckten die Haare gerade die Ohren. Dazu die Brille. Naja.

Aber ein Mal im Jahr wollte ich so richtig cool sein. Also nähte ich in den Hut, den ich irgendwann auf einem Kleiderhaufen bei der Altstoffsammelaktion »Köpenick räumt auf« gefunden hatte, lange Fäden aus einem dunkelbraunen Wollknäuel ein. Es wirkte super. Wenn ich den Hut auf hatte, sah ich aus wie Neil Young mit Babyface.

Das erste Mal zauberte der Hut beim Lehrlings-Fasching in Prenzlauer Berg. Kaum war eine Stunde vergangen, kam eine Fee auf mich zu getanzt, in weißem Kleid, mit Stern auf der Stirn. Alles Folgende kannte ich bisher nur aus Erzählungen. Leider hatte die Fee einen Freund, und es war schließlich alles »nur Fasching«. Aber den goldenen Stern von ihrer Stirn besitze ich heute noch, dazu einen kleinen Brief: »Kann ich auch nicht deine Freundin sein, so bleibe ich für immer dein Sternchen.«

Der Hut zauberte noch einige Male, bei anderen Feen. Und immer passierte es, dass sein Zauber verflog, sobald er wieder im Schrank lag. Seine Abwesenheit im Alltag bewirkte ein langsames Abkühlen von beiden Seiten. Es war eben immer »nur Fasching«. Und so was kann man ja nicht ewig ausdehnen. (Meine Frau habe ich übrigens ohne Kopfbedeckung kennengelernt.)

Als meine Tochter und ihre Freundin den Hut aus dem Schrank kramten, wussten sie nicht, was für ein Wunderding sie da mit zur Party nehmen wollten. Als erstes trennten sie mal die langen Haare ab – denn sie tragen ja schließlich selber welche. Als zweites setzte sich die Freundin den Hut auf den Hinterkopf – und ab ging's. Ob der Hut noch immer zaubert, habe ich am Morgen nach der Party nicht erfahren.

Neulich ...

... bei den Abiturienten

Wieder mal war die Freundin meiner jüngeren Tochter da. Dieses Mal hat sie bei uns übernachtet. Und wieder ging's ums Verkleiden. Noch tief in der Nacht schwatzten und kicherten die Mädels, denn am anderen Morgen sollte die große Stunde kommen, in der sie sich bis zur Unkenntlichkeit anmalten und ausstaffierten, um als Gruselgestalten in die Schule zu gehen.

Ich muss sagen, das Ergebnis war frappierend – »creepy«, wie meine Tochter sagen würde. Sie hatte einen gruseligen Skelett-mund, eine Clownsnase und Sternenaugen. Das Gesicht ihrer Freundin war knallweiß geschminkt, mit schwarzen Augen und Mund, und sie trug ein Gewand wie Gevatter Tod.

Warum geht jemand so zur Schule?, fragt man sich da als ängstlicher Vater. Die Antwort heißt: Abi-Mottowoche. Dies ist eine Art Eventreihe an den letzten fünf Schultagen vor den Abi-Prüfungen. Die wilde Urform davon hatte schon meine Genera-tion einst zelebriert. Wir verkleideten uns am letzten Schultag, gingen ganz in Weiß oder zogen uns Schulanfänger-Klamotten an. Die Mädchen machten sich Pippi-Langstrumpf-Zöpfe.

Doch Abi-Events werden inzwischen generalstabsmäßig organisiert. Da heißt es: fünf Tage, fünf Themen. Keines ist wie das andere. Am Montag ging es um Kindheitshelden (meine Tochter war Super Mario), dem folgten »Bad Taste« (tanten-hafte 80er-Jahre-Klamotten mit Schulterpolstern!), Horror (das Clowns-Gespenst!), Berufe (Ärztin!) und erster Schultag. An anderen Schulen laufen Agenten, Zeitreisende, Omas und Opas, Hogwarts-Bewohner oder Nutten und Zuhälter umher.

Im Internet rief ein Schüler um Hilfe, weil er nicht wusste, was er zum Mottotag »Abudh-Abi – die Scheiche gehen, die Kamele bleiben« anziehen sollte.

Angesichts solcher doofen Fragen zeigt sich, dass diese Abi-Mottotage durchaus einen Zweck erfüllen. Und zwar als Test der Fantasie, der Fähigkeit, in verschiedene Rollen zu schlüpfen und dabei kreativ zu werden. Im Grunde besteht das ganze Leben doch aus dem Hüpfen von einer Rolle in die andere. Lebensnäher als in dieser letzten Woche kann es an der Schule kaum zugehen.

Neulich ...

... auf dem S-Bahn-Sitz

Manchmal hat man nachts die seltsamsten Erscheinungen. Ich fahre mit der S-Bahn, habe ein paar Gläschen Wein intus und blinzle plötzlich ungläubig. Auf dem Sitz mir gegenüber steht ein Name, fein säuberlich in Rot auf den Bezug gestickt: »T. vom Hövel«.

Wer ist das, und warum wurde sein Name auf einem S-Bahn-Sitz verewigt? Hat er diesen Platz für alle Zeiten reserviert? Vielleicht handelt es sich ja um einen alten Grafen mit Gehstock und goldener Uhr. Und eines Tages steht er vor einem, wenn man sich zufällig auf diesem Sitz niedergelassen hat. Er zückt seinen Ausweis und sagt: »Junger Mann, ich bin T. vom Hövel. Dies ist mein Platz. Stehen Sie bitte auf!« Vielleicht ist es aber auch eine Frau. Hinter »T.« kann sich ja viel verbergen: Tine, Tanja, Tamara ... Vielleicht hat »T.« diesen Sitz gekauft und sponsert damit die S-Bahn, nachdem diese sich mit einem Aufruf an die Leute gewandt hatte: »Liebe Fahrgäste. Sie müssen lediglich lumpige tausend Euro in die Kasse der Deutschen Bahn zahlen, und wir sticken Ihren Namen in einen unserer schönen S-Bahn-Sitze. Dafür schaffen wir ein paar Säcke Sand mehr an, damit im nächsten Winter die Bremsen unserer Wagen funktionieren!«

Beispiele dieser Art gibt es etwa an der Humboldt-Universität. Als hier der Senatssaal saniert wurde, konnte man für bis zu 1 810 Euro einen Sessel kaufen und mit seinem Namen oder einem Spruch beschriften lassen. Man wusste, dass man ein gutes Werk tat und jeder dies sehen konnte. Nach dem Motto:

»Tu Gutes und stick's in einen Bezug!« Vielleicht hat auch die S-Bahn diese Sponsoren-Möglichkeit für sich entdeckt.

Des Rätsels Lösung finde ich im Internet. Es geschah vor einiger Zeit an einem Tag der offenen Tür in der Polsterwerkstatt der S-Bahn. Besucher durften helfen, neue Bezüge auf die Sitze zu ziehen. Dafür stickte ein Automat ihren Namen in den Stoff. Insgesamt sollen so hundert Plätze mit Besucher-Namen markiert worden sein, die jetzt munter durch die Stadt fahren: »A. Kaiser«, »I. Beyer«, »G. Kalweit« oder »A. Bruns«. Wie die Bahn mitteilte, sei damit aber kein Vorrecht verbunden.

Eigentlich fand ich die Idee mit dem Platz-Sponsoring recht gut. Wenn sich jeder Berliner für 100 Euro einen S-Bahn-Sitz kaufen würde, solange der Vorrat reicht, dann kämen sicher ein paar Millionen zusammen – und die S-Bahn gut über den nächsten Winter.

Neulich ...

... beim Entenretten

Ich habe ein neues Heilmittel gegen Schlafstörungen entdeckt. Ich setze mich einfach vor den Computer und schaue mir nachts um halb eins ein Video aus der Fahrerkabine der Straßenbahnlinie 27 an, die eine Stunde lang von Köpenick nach Weißensee fährt. Mitten im Dauerregen. Der Scheibenwischer wackelt monoton vor meinen Augen hin und her, wie die Hände eines Hypnotiseurs. Spätestens am Tierpark bin ich dann eingeschlafen.

Als kleines Kind fand ich Straßenbahnfahren aufregend. Ich staunte, wie der Fahrer eine große Kurbel betätigte, neben der »Fahren« und »Bremsen« stand. An jeder Station wurde sie mit einem mechanischen »Krrrrrrrt« auf null gestellt. Für einen Jungen der 60er-Jahre eine coole Sache.

Neulich saß ich mal wieder hinter der Fahrerkabine. Die Bahn fuhr nach Friedrichshagen, am Wald entlang. Plötzlich hielt sie an, mitten auf der Strecke. Die Fahrerin kam heraus. »Ach, nee«, rief sie. »Was mach ick bloß? Auf dem Gleis läuft 'ne Entenmutter mit ihren Jungen. Ick kann die doch nicht überfahren!« Sofort reckten sich alle Hälse der Fahrgäste. »Junger Mann«, sagte eine Frau neben mir. »Sie haben so lange Beine. Könnten Sie nicht rausgehen und die Enten wegjagen?« Die Fahrerin war einverstanden.

Ich hopste also aus der Bahn und lief auf die Enten zu, die direkt neben dem Gleis auf dem Schotter watschelten und tippelten. Ich machte »Sch-sch-sch!« und klatschte in die Hände. Die sechs Kleinen purzelten nur so über die Steine. Doch die Mutter wollte nicht in den Wald verschwinden.

Endlich tat sie es dann doch. Erleichtert stieg ich wieder ein, empfangen vom Beifall der Fahrgäste. Die Fahrerin machte die Kabinentür zu und fuhr an. Schwupps – war die Entenfamilie wieder neben dem Gleis. Nun wurde diskutiert, ob ich vor der Bahn herlaufen und weiter »Sch-sch-sch!« machen sollte. Oder ob ich vielleicht beim Fahren durch die geöffnete Vordertür Lärm machen könnte.

Doch die Fahrerin lehnte ab. Am Ende entschied man sich für die Methode des Klingelns. So fuhr also eine laut bimmelnde Bahn im Schritttempo durch die Stadt und schaffte es schließlich, die Enten ins Unterholz zu treiben. Als die Bahn glücklich vorbeigekommen war, jubelten die Leute.

Straßenbahnfahren ist also noch immer ein Abenteuer. Ob es allerdings die einige Minuten später folgende Bahn auch an den Enten vorbeigeschafft hat, vermag ich nicht zu sagen.

Neulich ...

... im Großstadtgetümmel

In Bus oder S-Bahn, Café oder Einkaufszentrum – überall kann man es erleben: Ein Mann starrt eine Frau an. Er dreht den Kopf nach ihr, scannt im Sauriertempo die Figur ab. Sein ganzes Wesen schreit: Hallo, ich habe dich registriert. Guck mal nett! Nimm mich wahr!

Was natürlich völlig blödsinnig ist. Auch ich habe länger gebraucht, das zu begreifen, so wie alle Männer. Jeder, der ehrlich ist, muss zugeben, dass er das visuell-kommunikative Grundgesetz der Geschlechterbegegnung im Alltagsraum erst spät erkannt hat. Dieses heißt nämlich: Wenn du guckst, guckt sie nicht, wenn du nicht guckst, guckt sie!

Gerade nachts um halb eins im einsamen S-Bahn-Wagen bringt es überhaupt nichts, hinzustarren, die Frau gegenüber auffallend zu mustern, vor ihren Augen herumzufuchteln und sich hinterher beim Kumpel über den »verdammten Tunnelblick der Weiber« zu beschweren.

Gerade der Tunnelblick zeigt, dass sie dich Dödel registriert hat. Manchmal begreift man es erst, wenn man dann doch noch einen Blick erntet – und sei es in der Fensterscheibe, über die Bande gespielt.

Die besten Dinge kommen, wenn man sie nicht erzwingt, wie alles Gute im Leben. Man geht durchs Kaufhaus, stößt hinter dem Regal zufällig mit jemandem zusammen. Wuiii – ein Blick, ein Lächeln. Man hebt auf der Straße etwas auf, was heruntergefallen ist. Wusshhh – ein Strahlen. Oder man geht einfach nur so vor sich hin auf der Friedrichstraße. Da trifft einen ein Augenpaar für Sekunden: neugierig, offen.

Neulich saßen mir in der Bahn zwei Frauen gegenüber, offenbar aus Bayern. Ich las ein Buch und blickte nur ein paar Mal ganz in Gedanken auf. Doch hinterher, als sie ausstiegen, lächelte mich die eine mit einer verblüffend sympathischen Offenheit an. Ich lachte zurück. Die restliche Fahrt hatte ich ein blödes Grinsen im Gesicht und fühlte mich gut.

Kurt Tucholsky, im Berliner Getümmel erfahren, schrieb einst ein Gedicht über Begegnungen in der Großstadt:

»Zwei fremde Augen,

ein kurzer Blick,

die Braue, Pupillen, die Lider –

Was war das? Vielleicht dein Lebensglück …

vorbei, verweht, nie wieder.«

Warum die Wehmut? Besteht nicht das ganze Lebensglück aus solchen kleinen erwärmenden Momenten? Was ist Glück sonst? Festhalten kann man nur die Erinnerung. Vorbei, verweht, immer wieder!

Neulich ...

... in der Kolonie

Am Wochenende waren meine Frau und ich dort, wo wir eigentlich nie hin wollten. In einer wimpelgeschmückten Kleingartenkolonie am Rande von Berlin. Vor den schmucken Holzhäuschen standen kleine Figurengrüppchen: ein Schäfer mit Schäfchen, freche Zwerge, grinsende Pilze. Bunte Plastiklichtchen glühten. Über einem Platz mit Festzelt waberte der Duft leicht angekohlten Grillfleischs.

Die Kolonie feierte ein spätes Sommerfest. Bekannte, die eine kleine Biervertriebsfirma betreiben, hatten uns mitgenommen. Sie wollten mal nach dem Bierwagen gucken und ob das Zeug auch richtig läuft.

Da standen wir nun an einem Tisch neben dem Wagen und wollten gleich wieder weg. Aber zuvor noch was essen. Ein Bier kann auch nichts schaden. Um uns her schwankten schon einige Leute. Ein älterer Kleingartenfunktionär mit Anstecknadel erzählte was über das große Problem, Nachwuchs für freiwerdende Parzellen zu finden. »Die Alten sterben alle weg. Und viele junge Leute können heute keinen einzigen deutschen Gesetzestext mehr hersagen.«

Wir verpassten den rechten Moment, um uns zu verziehen, und fanden uns nach dem sechsten Bier im Festzelt wieder. Dort machten wir witzige Selfies und torkelten beim Schlager »Du hast mich tausendmal belogen« hin und her. Dann versuchten wir, aus dem Kopf heraus einen deutschen Gesetzestext herzusagen. Es gelang uns nicht. Was bestimmt am Alkohol lag.

Auf einer Tafel am Weg war einiges über das Leben der Kolonie zu lesen. Schwarz-Weiß-Bilder zeigten, wie Leute vor fast 90 Jahren diese Kolonie aus dem Boden stampften, das Land urbar machten, Häuschen zimmerten. Alle Achtung, dachte ich.

Und wir erfuhren, dass man seinen Hund an einer Leine halten soll, die nicht länger als zwei Meter sein darf. Und dass am kommenden Sonntag ab zehn Uhr »Kolonie-Arbeit« stattfindet. Es klang ein bisschen nach Strafe: »Wie bitte, dein Hund hat auf den Weg gepinkelt? Fünf Stunden Kolonie-Arbeit!«

Auf dem Heimweg grölten wir ein altes Berliner Kinderquatschlied, das ich von meiner Frau gelernt habe. Es geht so:

»Em-bam-bi, Kolonie-Kolonastik, Em-bam-bi, Kolonie,
Akademi-Fanfari, Akademi-bumm-bumm.
Oh malle malle malle, Makkaroni-roni-roni,
fudschi-dei-dei-dei, Papagei-gei-gei.
Pfefferminzbonbon, Qualität eins A,
alle Affen, wie sie gaffen, machen ssst-tataa!
Alle Ziegen aus Berlin machen mäh!«

Irgendjemand schaute sich auf der Straße irritiert um. Aber wir fanden, unser Vers passte herrlich zu diesem Tag.

Neulich ...

... bei den Partisanen

Als ich am Wochenende nach einer Party irgendwo in Berlin umherirrte, weil die S-Bahn mal wieder streikte, sagte mein innerer Berliner zu mir: Ach, Mensch, du kannst mit deinen fuffzich Jahren schon so viele schöne Jeschichten über die S-Bahn erzählen!

Ich erinnere mich an die kleinen gelben Pappfahrkarten und den Mann, der am Fuße der Treppe des Bahnhofs Köpenick stand und mit der Zange Löcher hineinknipste. Der für mich schon uralte Beamte hatte, glaube ich, ein steifes Bein und war eine meiner ersten Kindheits-Begegnungen mit der S-Bahn. Ich erinnere mich an die blechernen Richtungsanzeiger, die der Zugabfertiger mit einer Stange ziehen musste. Sie haben nur in der Sprache älterer Leute überlebt: »Manne, komm' schnell, et ist Alex jezoren!«

Ich erinnere mich an den eiskalten Winter 1978/79, als in Berlin meterhoch Schnee lag. Die S-Bahn brachte mich dennoch jeden Morgen um 6 Uhr zuverlässig zu meiner Lehrausbildung an der Jannowitzbrücke. Die Türen waren vereist und schlossen nicht richtig. Trotzdem klebte man kein rotes Schild an jede zweite Tür, sondern fuhr einfach. Im Wagen zog es entsetzlich, aber die Leute hatten ja dicke Mäntel an.

Ich kann mich natürlich auch an Schienenersatzverkehr erinnern. Aber eigentlich wurde gar nicht so richtig gebaut bei der S-Bahn, eher geflickt. Irgendwann hieß der Bahnhof Ostkreuz nur noch Rostkreuz und drohte zusammenzufallen. Die S-Bahner machten eisern weiter. Immer weiter. An die Börse wollte

niemand. Gab's ja auch nicht. Und wer vor sich hin fluchte
»Typisch Osten, hier funktioniert jar nüscht!«, der wusste noch
nichts von Bahnchef Mehdorn und den Überraschungen des
neuen Jahrtausends.

Einmal wurde sogar ich zur Gefahr für die S-Bahn. Mein
Freund und ich hatten 1974 in Hirschgarten auf dem Bahndamm
direkt an den Gleisen Partisanen gespielt. Wir wollten auf der
Schiene Schottersteine auftürmen, um zu sehen, ob die S-Bahn
sie zermalmen konnte. Eine völlig irrsinnige Idee, die zum Glück
von der Bahnaufsicht vereitelt wurde. Noch bevor wir zur Tat
schreiten konnten, wurden wir mit eisernem Griff verhaftet und
zur Transportpolizei am Ostbahnhof gebracht. Ein alter Polizist
sollte uns nach Köpenick zurückbringen und uns unseren Eltern
übergeben. Ich heulte, denn ich hatte am nächsten Tag Geburtstag. Am Bahnhof Köpenick jedoch ließ uns der alte Bahnpolizist
laufen, mit dem Satz »Haut bloß ab!« und einem Lächeln.

Er wird heute längst nicht mehr leben. Doch manchmal
denke ich noch zärtlich an ihn.

Neulich ...

... beim Live-Escape-Spiel

»Manno, ich will da auch unbedingt hin!!!!«, hackt meine jüngere
Tochter in ihre Tastatur. Sie hat inzwischen ihr Abi in der Tasche
und ist jüngst abgereist, um ein freiwilliges soziales Jahr in Chile
zu absolvieren. Ich sitze zu Hause und habe ihr gerade nach Sant-

iago geschrieben, dass ich am nächsten Tag ein Live-Escape-Spiel absolvieren werde. Es ist das Geschenk einer engen Verwandten.

Dabei bin ich gar kein Typ für solche Spiele. Meine Frau und meine Töchter können nächtelang am Computer in irgendwelchen Zimmern Schlüssel suchen, Kästchen und Türen öffnen, Zahlenrätsel lösen. Ich aber hasse so etwas. Deshalb habe ich recht zurückhaltend reagiert, als ich erfuhr, dass man das Ganze in Berlin inzwischen sogar in echten Räumen, mit echtem Kram machen kann.

Tags darauf aber trotte ich brav mit ein paar Leutchen, darunter meine Frau, nach Moabit. In einem alten Haus sperrt man uns in einen Raum. Eine dreckige halbdunkle Küche, vollgestopft mit dem staubigen Zeug einer Alchemistenbude. Aus dem Lautsprecher dröhnt die schrille Stimme eines irren Chemikers, der ankündigt, das Berliner Trinkwasser verseuchen zu wollen. In einer Stunde ginge es los. Und wir würden den »finalen Code« nie finden.

Wir haben also eine Stunde Zeit. Wir reißen Schränke und Schubladen auf, suchen nach Hinweisen, finden Plastiknummern, aufgemalte Zeichen, markierte Buchseiten, ein Einstein-Bild mit Zahlen. Meine Frau krakelt an den Rand einer Zeitung lauter Hieroglyphen: »1B, 2O, 3Li, 4C«, »Grün ist Blau«, »Blau ist Grün«. Wir errechnen Zahlenreihen, öffnen Schlösser, lassen eine stählerne Kassette von der Decke herunter, finden in der eisigen Tiefkühltruhe eine Plastikkarte mit einem Code. Und die Uhr läuft! Was könnte ich jetzt nicht alles machen!, denke ich. Ein Buch lesen, ins Kino gehen. Dann aber vergesse ich plötzlich die Welt um mich her. Ich bin nur noch in dieser halbdunklen Küche, denke an meine Mission. In meinem Kopf echot es: Wir müssen Berlin retten, -lin retten, -lin retten.

Doch Berlin weiß nichts davon. Und der irre Chemiker lacht sich eins. Auf dem Tisch türmen sich die Hinweise, es wird gerechnet, geschleppt, geschlüsselt und gegrübelt.

Ob wir es am Ende geschafft haben? Ich verrate nichts. Wer ein Glas Wasser aus der Leitung trinkt, wird es kurze Zeit später erfahren.

Neulich ...

... beim Inder um die Ecke

Mitten in der Nacht treffe ich den Chef auf der Straße. Er hat gerade sein Restaurant zugemacht und winkt mir fröhlich zu. Das tut er immer, wenn er einen von uns sieht. Er lächelt und fragt: »Geht's gut?« Dabei hätte ich allen Grund zu fragen, wie es ihm gehe. Denn am nächsten Morgen wird er die Jalousien wieder hochziehen und einen neuen langen Tag an Töpfen und Pfannen beginnen. Das geht rund um die Uhr, Tag für Tag. Ohne freies Wochenende oder Urlaub. Wenn man ihn deswegen bedauert, zuckt er mit den Schultern und sagt: »So ist Leben!«

Das indische Restaurant, das der Chef und seine tamilische Familie betreiben, ist benannt nach einem Tal im indischen Bundesstaat Maharashtra, mit fantastischen Felsenhöhlen. Schaut man sich Bilder davon im Internet an, verschlägt es einem den Atem, so schön sind die Tempel voller Säulen, Steinreliefs und Buddha-Malereien.

Einmal pro Woche kreuzen wir in dem Restaurant gleich bei uns um die Ecke auf. Wir sehen den Chef in seiner Küche stehen. Das ist auch eine Art Höhle, zum Gastraum hin offen und im Sommer sehr heiß. Der Chef sieht müde aus, winkt aber kurz herüber. Es zischt und dampft. Oft bedient uns seine Frau. Sie ist hübsch, zierlich und lacht unheimlich gern. Manchmal hilft auch der Sohn mit, der an einer Berliner Hochschule studiert.

Die Gäste kommen von überall her. Und wir hoffen, dass das indische Restaurant noch lange in unserer Gegend bleiben wird. Nicht wie andere vor ihm, die bald wieder verschwanden. Mit dem Ergebnis, dass es recht dünn aussieht mit der kulinarischen Vielfalt im Kiez.

Da war zum Beispiel mal ein Grieche, zu dem wir gern gingen. Die Brüder schmissen den Laden, die Mama kochte. Doch sie wollte wieder zurück nach Hause. Ein Pizza-Service zog in das Haus. Ein paar Schritte weiter gab es ein asiatisches Restaurant, in dem ich mal einen schönen Sake-Absturz hatte. Heute ist eine Bierpinte da drin. Ein Schild verweist auf die »Deutsche Bewirtschaftung«, was immer das heißen soll. Auch Kartoffeln sind ja nicht typisch deutsch, sondern stammen aus Südamerika.

Der Mexikaner und der Italiener am Bahnhof wiederum wurden durch die Stadtplanung vertrieben, die an die Stelle der Restaurants die riesige Glasfront eines Nullachtfuffzehn-Einkaufszentrums setzte. Wer das geplant hat, sollte tausend Jahre in der Hölle schmoren. Aber der Chef des indischen Restaurants würde wahrscheinlich mit den Schultern zucken und dazu sagen: »So ist Leben!«

Neulich ...

... auf Nachtwache

Eigentlich bräuchten wir zu Hause gar keine Uhr. Es guckt ohnehin niemand drauf. Nur ich, manchmal. Ich gehe dann nachts zu meiner Frau, die auf dem Sofa vor dem Fernseher liegt, berühre sie sanft an der Schulter und sage: »Geh mal ins Bett. Es ist schon um drei.« – »Huch«, antwortet sie, »wann ist denn das passiert?«

Solche Lücken in der nächtlichen Zeitinformation entstehen nur, weil irgendwann nach dem Mittelalter die Nachtwächter aus dem Berliner Stadtbild verschwunden sind. Einst zogen diese nämlich durch die Straßen und riefen laut die jeweils aktuelle Stunde aus, so dass es jeder hören konnte. Die Einwohner müssten schließlich wissen, wie die Nacht verläuft, lautete eine Begründung dafür. Das war klug gedacht – auch, dass man die Leute ermahnte, aufzupassen, auf das Türschloss, das Feuer, das Licht.

Heute wäre das mit dem Feuer zwar nicht mehr so wichtig. Dennoch könnte ich mir vorstellen, dass ein Nachtwächter an unserem Haus vorbeiläuft und ruft: »Leute, Leute, es ist drei. / Schnell ins Bett – sonst Nacht vorbei!« Dann würde meine Frau vom Sofa aufstehen und ins Bett gehen. Falls sie es nicht täte, würde sie etwas später den Ruf des Wächters hören: »Leute, Leute, es ist fümfe. / Bleibt gleich wach, ihr doofen Schlümpfe!«

Ich glaube, mit einer neu eingeführten Nachtwächterei könnte Berlin Furore machen – über die angebotenen touristischen Nachtwächter-Stadtführungen hinaus. Aber ich höre schon die Debatten: Welche Senatsverwaltung ist eigentlich dafür zuständig? Kann die Polizei so was gleich mitmachen? Wer bezahlt die Laterne und den Umhang?

Allerdings könnte ich mir vorstellen, dass nicht alle Leute begeistert wären. Viele stören sich ja schon am nächtlichen Rollkoffer-Geräusch von Touristen. Und wenn nun auch noch ein Nachtwächter jede Stunde etwas durch die Flüstertüte brüllte … Nicht auszudenken.

Aber auch das ist nichts Neues. Die Menschen haben sich da nicht groß geändert. Schon vor 400 Jahren beschwerten sie sich. So regte sich im 17. Jahrhundert ein Dichter auf: »Und legst du dich zum Schlafen nieder, / dann weckt man dich durch Schlafeslieder.« Am Ende wird wohl die Berliner Stadtordnung (Nachtruhe von 22 bis 6 Uhr) die schöne Idee vereiteln.

Neulich ...

... am Biberfluss

Köpenick ist mein Klein-Kanada. Wenn ich nachts durch den Wald gehe, wird sogar die Vorstadtschonung zur Wildnis. Man ist allein mit sich und den Bäumen. Man fühlt sich sicherer als auf halbdunklen Vorstadtstraßen, wenn man nicht gerade auf ein Wildschwein tritt. Nachdem ich vor langer Zeit von meiner alten Wohngegend weggezogen bin, führt mich mein Weg an dem Flüsschen Wuhle entlang, wo kein einziges Lämpchen brennt.

Knack, macht es plötzlich hinter mir. Es raschelt. Huch, was mag das sein?, denke ich. Eine Wasserratte? Eine schlafgestörte Ente? Oder der Biber, der sich daran macht, den Fluss mit einem Wehr umzuleiten? Ein Biber? Blödsinn, hätte ich noch bis neulich gedacht. Doch dann hat mich mitten am Tage auf dem Weg am Fluss ein Mann angesprochen. Er erzählte mir, dass das Bezirksamt am Ufer der Wuhle neue Ulmen gepflanzt habe. Aber ohne an den Schutz vor Bibern zu denken. Und das, obwohl ein Stück weiter Biber wohnten.

Ich dankte und ging weiter. Biber, haha!, dachte ich. Doch dann las ich nach, was bisher darüber geschrieben wurde. Und tatsächlich. Sogar mitten in der Stadt, im Schlossgarten Charlottenburg, hat man schon Biber entdeckt. Auch in der Jungfernheide. Im Tiergarten haben die Biber Bäume angeknabbert und gefällt. Und nahe der East Side Gallery baute man den Bibern sogar einen Ausstieg ans Spreeufer.

Der Biber, so lese ich, kann so groß werden wie ein fettes Kind und baut sich eine Burg in die Uferböschung. Dort kuschelt er mit seinen Anverwandten, bis es Abend wird. Dann kommt er raus und macht die Nacht zum Tage, sammelt Nahrung und verwirklicht sein Bauprogramm. In einer Nacht kann er einen halbmeterdicken Baum fällen.

Schön, denke ich. Da haben wir jetzt also wirklich Klein-Kanada, nur ohne Trapper. Denn Fallen darf man für den Kerl nicht aufstellen. Er steht unter Schutz. Allerdings könnte man zunächst mal die Bäume schützen. In Bayern legt man zum Beispiel gefährdeten Bäumen stabile Drahtgitter an. Oder man schützt sie mit einem speziellen Anstrich. Falls so etwas nichts bringt, wird der nachtaktive Biber sicher bald einen großen Damm in der Wuhle bauen und den Fluss zu einem See aufstauen, der halb Köpenick überschwemmt. Ich kaufe mir schon mal ein Schlauchboot.

Neulich ...

... beim Besuch in Chile

Eines Abends habe ich meine 19-jährige Tochter besucht, die gerade in Santiago de Chile ihr soziales Jahr absolviert, 12 500 Kilometer von uns entfernt.

Bei uns zu Hause war es längst nach Mitternacht, bei ihr erst Abend. Und ich kam plötzlich auf die Idee, durch die Internetleitung zu ihr zu sausen.

Auf der Satellitenkarte gab ich ihre Straße und Hausnummer ein, dann drückte ich auf »Street View«, die Panorama-Ansicht. Schon stand ich vor ihrem Haus, konnte mich nach allen Seiten umsehen. Dann schrieb ich meiner Tochter per Facebook: »Hallo, sag mal, steht euer Haus an einer Ecke, gegenüber einem kleinen Park? Ist es flach, rot gestrichen und hat ein Torgitter?«

»Ja, wieso?«, antwortete sie.

Ich: »Na, weil ich vor dem Gitter stehe und nicht reinkomme.«

Sie: »Haha, sehr cool. Wir haben dich sicher nicht gehört, weil die Klingel leider kaputt ist.«

»Aha«, schrieb ich, »lass mich mal kurz etwas höher fliegen. Von oben sieht man acht kleine Innenhöfe. In welchem bist du?«

Sie: »Im ersten rechts, vom Tor aus gesehen.«

Ich: »An der Kreuzung steht so ein kleiner blauer Kiosk.« – Sie: »Das ist, glaub ich, so ein Wachhäuschen, für nachts. Oder eine Informationsbude. Aber wenn du schon mal da bist: Geh mal unsere Straße runter. Da kommst du zum Park, in dem wir immer joggen.« Ich schwenkte die Ansicht herum, sauste die

Straße entlang, vorbei an flachen blauen, gelben, roten Häuser-fronten, Firmenschildern und Werbetafeln. »Die Straße ist ganz schön lang«, schrieb ich. »Werde wohl von oben reingehen.«

Sie: »Haha. Sehr gut.«

Ich: »Da ist der Park. Ich sehe Halfpipes und einen Teich. Und dahinter eine große Straße.«

Sie: »Ja, diesen Park meine ich. Auf der Straße fahren wir jeden Tag in den Nachbarort zur Arbeit. Und abends glitzern die Lichter der Autos überall.«

Seltsam. Ich fühlte mich plötzlich, als wenn ich wirklich in der fernen, fremden Stadt in der Nähe meiner Tochter wäre. Ich sah Leute und Autos, zwar wie in einer geronnenen 3D-Welt, aber dennoch aus dem Blickwinkel des Spaziergängers. Irgend-wann musste ich den Besuch leider beenden. Ich zoomte aus dem Bild heraus und schrieb: »So, nun hebe ich wieder ab. Huiii, bin schon über den Bergen. – Und jetzt sehe ich schon Valpara-iso – und jetzt Argentinien – und Uruguay – und den Atlantik… Tschüss!« Schon war ich wieder in Berlin. Sie rief mir hinterher: »Hab dich sehr lieb! Und danke für den Besuch.«

Es ist schon seltsam, dachte ich, wo man nachts so überall herumkurvt. »Die Welt is'n Dorf«, würde meine über 80-jährige Tante aus Lichtenberg sagen.

Neulich ...

... am Automaten

Ich stehe auf dem S-Bahnhof Ostkreuz. Es ist schon spät, ich warte auf die Bahn. Plötzlich fällt mein Blick auf den Automaten. Eigentlich bin ich ja ganz schön satt vom Tage. Doch plötzlich läuft mir das Wasser im Mund zusammen, denn ich sehe einen Schokoriegel.

Mensch, du reagierst ja wie ein Pawlowscher Hund!, beschimpfe ich mich. Doch die Gier ist stärker. Schon fingere ich nach einer Euro-Münze, werfe sie in den Schlitz, drücke auf die Nummer des Schokoriegels. Die Spirale setzt sich in Bewegung. Der Riegel wandert langsam nach vorn. Doch dann – kurz bevor das Ding abkippt – hält der Mechanismus an. Der Riegel steht auf der Kante, aber er fällt nicht. Klickerlaklack, das Geld ist weg, für nix und wieder nix.

Ich fühle mich wie ein Hund, dem man die Wurst vor der Nase weggezogen hat. Tigere vor dem Automaten hin und her. Was nun? Soll ich gegen den Kasten treten, oder noch eine Münze einwerfen – allein für den winzigen Moment, den der Riegel noch braucht, um zu fallen? Nein, ich verzichte. Danke, liebe Automatenfirma! Deine aufgedruckte Servicenummer hilft mir jetzt auch nicht! Und ich spüre die doppelte Niederlage: erst gegen die eigene Gier, dann gegen den Automaten!

Doch ich bin ja selber Schuld. Warum muss ich auf nächtlichen Heimwegen regelmäßig Heißhunger auf Schokozeug kriegen? Das begann schon, als ich Jugendlicher war. Einmal hatte ich mir im DDR-Konsum eine »Bambina« gekauft, meine Lieblingsschokolade. Ich trug sie den ganzen Tag lang in der Tasche. Und am Abend, auf der dunklen Straße, holte ich sie hervor, brach ein Stück ab und steckte es in den Mund.

Mmh, komisch, dachte ich. Schmeckt seltsam! Gleich noch ein Stück. Mmh, schmeckt anders als sonst. Irgendwie moderig. Ob das nächste Stück auch so schmeckt? Und so aß ich auf dem Heimweg fast die ganze Tafel auf, dem Geheimnis des seltsamen Geschmacks nachspürend.

Dieses erklärte sich sofort, als ich im Hausflur das Licht anmachte. Die Schokolade war grünlich, verschimmelt. Sie hatte wohl zu lange im Konsum herumgelegen und auf mich und meine nächtliche Fresssucht gewartet. Ich lebe noch, wie man merkt. Aber ich habe nichts gelernt. Und auf diese Erkenntnis erst mal ein ordentliches Stück Schokolade!

Neulich ...

... beim Arzt

In einer der letzten Nächte begann es: Von einem Moment zum anderen schaltete mein linkes Ohr ab. Es rauschte und pfiff nur noch. Hörsturz. Aus heiterem Himmel. Ich erschrak mächtig und stand am nächsten Morgen in der HNO-Praxis auf der Matte.

Dort untersuchte man mich und hängte mich an den Tropf zur Infusion, um den Hörsturz ohne Folgen zu beseitigen. Auf dem Klo der Klinik machte ich dann noch die Erfahrung, dass auch mein Unterbewusstsein zu Fehlleistungen fähig ist. Dort stand: »Bitte mehrfach spülen, damit Ohrleitung nicht wieder verstopft!« Erst beim zweiten Mal erkannte ich, dass es »Rohrleitung« hieß. Als ich schließlich zu einer Schwester sagte, dass eigentlich viel Arbeit auf mich warte, sagte sie was von Stress und davon, dass vor zwanzig Jahren die Leute mit einem Hörsturz noch ins Krankenhaus gekommen seien.

O je, dachte ich. Krankenhaus. Da kommt man doch nur hin, wenn's richtig böse auf der Kippe steht. Ich erinnerte mich an ein Lied, das wir als Kinder sangen:

»Du alte Flieje,

wenn ick da krieje,

reiß ick da ein, zwei, drei, vier Beene aus.

Denn musste hinken

uff deinen Schinken / bis ins Berliner Krankenhaus …«

Im Alltag haben die meisten meiner Landsleute allerdings ein recht pragmatisches Verhältnis zu ihren Leiden. »Auch die beste Krankheet toocht nischt«, sagt meine über 80-jährige Tante aus Lichtenberg immer. Wenn sie mal schneller irgendwohin laufen muss, aber vor Kurzatmigkeit nicht mehr kann, sagt sie: »Alte Oma is keen D-Zuch.« Als man sie fragte, wie ihr neues Hüftgelenk sitze, sagte sie: »Passt, wackelt und hat Luft.« Und wenn man jammert, dass die olle Grippe nicht vorbeigehe, erinnert sie an eine Tugend, die es in Berlin schwer hat: »Mit Jeduld und Spucke fängt man eene Mucke!« Weitere beliebte Tantensprüche lauten: »Man steckt ja nich drin«, »Et hülft allet nüscht« oder »Et wird allet nich so heiß jejessen, wie't jekocht wird.«

Wenn ich heute gefragt würde, wie es mir gehe, müsste ich als echter Berliner sagen: »Allet in Or'nung. Juut hören kann ick schlecht. Aba schlecht sehen kann ick dafür juut.«

Ach so: In Berlin kann man auch ziemlich große Missverständnisse auslösen, wenn es um Sinnesorgane geht. Als meine Tante Kind war, musste sie mal zeigen, wo ihre Ohren seien. Und sie piekte auf ihre Augen, denn die heißen in Berlin »Ooren«. Zu den Ohren sagt man dafür »Oan«. Das Wort Augen jibt's also jar nich.

Neulich ...

... unter Tätowierten

In der Kaufhaus-Schlange steht eine Frau vor mir. Über ihre Schultern und Arme zieht sich ein Tattoo. Das ist nichts Ungewöhnliches. Hier aber sieht es aus, als habe ein dreijähriges Kind mit Filzstiften auf der Haut herumgekrakelt. Mit diesem Werk wird die Dame dereinst ins Grab sinken, dachte ich. Wenn sie nicht vorher ins Entfernungsstudio rennt.

Ich denke in solchen Fragen eher praktisch. Ich stelle mir vor, wie ein Arzt verzweifelt zwischen lauter bunten Strichen den Zugang zur Vene sucht. Auch stört mich die Dauerhaftigkeit. Ich würde in der Wohnung am liebsten jede Woche die Bilder austauschen. Wie sollte ich mich da für ein Statement auf der Haut entscheiden?

Ja, wenn Leonardo da Vinci oder Rembrandt kämen und fragten, ob sie sich auf mir verewigen dürften .... Aber sogar dann hätte ich Probleme. Was, wenn sie eines Tages ihre Bilder wiederhaben wollten?

Manches, was man sieht, ist durchaus genial. Fasziniert hat mich neulich ein Mann, dessen Bein so perfekt tätowiert war, als sei es ein geschnitztes Elfenbein-Kunstwerk. Dann aber sieht man wieder jemanden, bei dem man denkt: Oh Gott, der arme Mensch hat auf der ganzen linken Seite Verbrennungen dritten Grades! Beim Näherkommen erkennt man, dass es ein blau-rot-grünes Tattoo-Kunstwerk ist.

Jaja, ich klinge altmodisch. Ich kann nichts dafür, dass in meiner Kindheit nur Seeleute und Kriminelle Tattoos trugen. Einmal malte ich mir als Grundschüler aus Langweile eine Comicfigur auf den Arm. Die Lehrerin war nicht amüsiert. Ich musste den Arm mit der Bürste schrubben, bis die Haut rot war.

Jahrtausendelang hatten Zeichen eine Bedeutung. Sie standen für Macht und Magie. Ein Bauer, der sich im Mittelalter das königliche Siegel auf den Bauch gemalt hätte, wäre gewiss gerädert und gevierteilt worden. Heute dagegen rennen die Leute mit lauter Symbolen herum, deren Bedeutung sie oft gar nicht kennen. Wer weiß, welche Macht sie damit herausfordern.

Manches lässt auch auf den Humor des Trägers schließen. Im Internet entdeckte ich das Bild eines Mannes, der das frech-fröhliche Gesicht Pinocchios auf dem Unterbauch trägt. Die Nase geht über in seine intimste Zone. Das ergibt beim Sex bestimmt heitere Effekte. Ich sah auch das Bild einer jungen Dame, die sich einen Kothaufen mit Fliegen auf den Rücken tätowieren ließ. Warum? Sie weiß es vielleicht selbst nicht. Wollen wir hoffen, dass es nichts Ernstes ist.

Neulich ...

... beim Fenster-Streit

Ein alter Mann steigt in die S-Bahn ein und schließt sofort eines der offenstehenden Fenster. Eine Frau schimpft: »Man kann doch nich dit Fensta zumachen. Dit is doch wahnsinnig schwül hier drin.« Der Alte antwortet: »Aba mir zieht dit hier!« – »Aba da muss man doch fraren«, sagt die Frau. »Wieso? Man muss fraren, wenn man dit Fensta uffmacht!«, so der Mann. Die Frau flüchtet.

In den folgenden Minuten entspinnt sich ein Streit zwischen dem alten Mann und einer jungen Frau, die offenbar Studentin ist. Die Auseinandersetzung dreht sich darum, wer wann dazu verpflichtet sei, die Fahrgäste zu fragen, ob man das Fenster auf- oder zumachen dürfe.

»Wie lange soll denn so was dauern?«, fragt die Studentin, die strikt gegen eine Umfragepflicht ist. »Am Ende macht man noch 'ne Abstimmung. Nee, so weit kommt's noch. Dankeschön.« – »Aba dit hat wat mit Rücksichtnahme und Erziehung zu tun«, poltert der alte Mann, »det man nich einfach rinkommt und die Fensta uffreißt.« – »Aber es kann sich doch jeder hinsetzen, wo er will«, sagt die Studentin. »Da vorn zum Beispiel waren die Fenster schon vorhin zu.« Außerdem sei es wissenschaftlich längst widerlegt, dass man von Zugluft einen steifen Hals bekomme.

»Ick habe ooch so 'ne Enkelin wie Sie«, antwortet der alte Mann, »die redet stundenlang uff mir ein. Die quatsch ma 'ne Beule an't Kinn. Die Juurend is heute anders als früher. Ick hätte mit mein' Opa nich so diskutieren dürfen.« – »Aber das hat doch mit DER Jugend nichts zu tun«, sagt die Studentin wütend. »Man kann doch nicht eine ganze Generation über einen Kamm scheren!«

So geht's noch eine ganze Weile weiter. Der Opa jammert über das Ende der Rücksichtnahme, über die aufmüpfige Jugend und dass sich überhaupt alles verschlechtert habe. Doch dann besinnt er sich plötzlich, linst die Studentin von der Seite her an und fängt ohne Übergang an zu flirten: »Ick will ma saaren, det Se ziemlich hübsch sind«, säuselt er. Die Studentin guckt erschrocken. »Meene Enkelin is ooch so hübsch wie Sie. Die Meechen werden übahaupt imma hübscher!« Die Studentin lächelt irritiert, und die umsitzenden Leute verdrehen die Augen.

Ich wiederum denke an den alten Witz, dass man das Problem mit dem offenen Fenster in der Bahn viel einfacher lösen könnte: Man lässt das Fenster so lange zu, bis die einen erstickt sind, und dann reißt man es auf, bis der Rest durch den Luftzug eingegangen ist.

Neulich ...

... auf der Tütchenparade

Ich sitze zu Hause auf dem Sofa. Das Fenster ist offen, die Mitternacht lange vorüber. Da höre ich von der Straße her wieder eines der bedauernswerten Geschöpfe, deren Lebenstakt von einem Hund bestimmt wird. »Xenia, komm! Bah, geh da weg! Nu mach doch!«

Um es gleich zu sagen: Ich mag Hunde. Viele gucken klug und haben so was Treues. Das Problem sind auch nicht die Hunde an sich, sondern es ist der Mensch, der alles zubetoniert und zupflastert, so dass die Tiere in der Stadt keine natürliche Entsorgungsstelle mehr finden.

In meiner Köpenicker Gegend sind die Ausmaße derart, dass ich bereits vor Jahren mit meinen Kindern den Weg zur Kita neu definierte: über die Hundeköttelstraße durch den Häufchenweg am Knödelplatz vorbei bis zur Pipi-Ecke. Alles im Slalom.

Doch nun gibt es eine revolutionäre Entwicklung: das Tütchen. Mit diesem kann man den Knödel seines Fellwuschels sanft aufgreifen wie der Verkäufer das Törtchen in der Confiserie. Aber alles hilft nichts, wenn es an Endlagern mangelt. Der einzige Müllbehälter in unserer Gegend ist so vollgestopft, dass sich die Tütchen auf und unter ihm stapeln. Manche lassen die Tütchen auch einfach am Wegesrand liegen wie kleine Geschenke. Sie gelangen irgendwie auf die Straße, werden plattgefahren oder von der Kehrmaschine zerfetzt und in die Luft geschleudert. Wie kleine platzende Streubömbchen.

Ich habe schon überlegt, ob ich Dankeskärtchen drucken soll. Die überreiche ich Hundehaltern, die ihre Tütchen mitnehmen und zu Hause entsorgen. Vielleicht stiftet der Berliner Senat sogar einen Tütchen-Orden, zur Motivation. Es gibt ja auch noch immer Leute, die diese Dinger gar nicht benutzen.

Also hüpfe ich weiter im Zickzack durch meine Gegend und deklamiere eines meiner Lieblingsgedichte. Es heißt »Hondekaucke« und stammt vom Berliner Dichter und Maler Matthias Koeppel, der das »Starckdeutsch« erfunden hat:

»Speisst ont karckdt, ont karckckt ont peißßt,
vo tu gööhst, ont vo tu schteihst.

Eubarull uff onzren Strußn –
Danckul, Mauppz ont Peikinußen,
Tschaifurhondt ont Dauburmonn,
jeidur karckdt, zopvühl örr konn.
Duch di allurgräußßte Kaucke
kimmt woll uss drr Pullendaugge:
Hott diss Dür gekarckdt, gepeußßt,
s düch nuch inn di Buine beußt,
ont tu tschladdurst inn di Tschuißzn
ont büst reuff pforrs Krunckenhuiszen.«
Alles verstanden?

Neulich ...

... in den Püttbergen

In den vergangenen Nächten sah ich in Fernsehen und Internet
immer wieder Berichte über die unsäglichen Proteste »besorg-
ter Bürger« gegen die Aufnahme von Flüchtlingen aus Syrien.
An verschiedenen Orten Deutschlands brannten Flüchtlings-
unterkünfte. Nach einem solchen Beitrag musste ich plötzlich
an meine »Oma Rahnsdorf« denken. Sie wäre nie meine Oma
geworden, hätte es nicht auch in der Vergangenheit riesige
Flüchtlingswellen gegeben – und zugleich Menschen mit Herz.

Das Ende des Zweiten Weltkriegs erlebte die Berlinerin Luise
Elsner in Rahnsdorf am Rande der Stadt. Sie war bereits 53 Jahre
alt und wegen einer Krankheit berentet. Auf den sandigen Pütt-

bergen hatte sie sich ein Stück Land gekauft. Da sie allein lebte und keine näheren Verwandten mehr besaß, ging sie zum Amt und fragte, ob sie vielleicht ein oder zwei Kinder in Pflege nehmen könne.

Das ginge durchaus, sagte man ihr dort, wenn sie bereit wäre, gleich vier Kinder aufzunehmen.

Die Vier – das waren meine damals achtjährige Mutter und ihre Geschwister, fünf, elf und 13 Jahre alt. Sie stammten aus einem kleinen Ort im Osten, im heutigen Polen. Der Krieg mit seinen folgenden Grenzverschiebungen hatte sie von dort vertrieben. Monatelang hausten sie auf der Straße, kampierten im Dreck, leckten Reste aus leeren Konservenbüchsen. Kilometer um Kilometer schleppten sie ihre schwer kranke Mutter mit sich. Ihr Vater war im Krieg gefallen.

Ein mit Eisen beladener Zug nahm sie mit nach Westen. In Berlin-Köpenick mussten sie runter. Sie landeten in einem Erdloch, später in einer Baracke. Dort starb die Mutter, und die vier Kinder standen ganz allein da. Man verteilte sie erst einmal auf verschiedene Familien. Sie hätten sich irgendwann wahrscheinlich völlig aus den Augen verloren, wenn nicht Luise Elsner gekommen wäre und alle vier auf einmal zu sich genommen hätte.

Dank einer Frau, die alles für sie gab, konnten sie gemeinsam aufwachsen. Ihre Kindheit war nicht einfach. Sie mussten neben der Schule auf dem Grundstück mithelfen, pflanzen, ernten, Ziegen hüten. Aber sie waren zusammen – in einer neuen Familie. Schon nach wenigen Tagen nannten sie die bis dahin fremde Frau »Mutti«. Später machten sie alle ihren Weg, fanden Partner, gründeten eigene Familien.

Oft habe ich mich auf den Schoß meiner Oma gekuschelt, die bis zu ihrem Tod 1969 bei uns lebte. Ihren Humor und ihre

Gutherzigkeit spürte ich schon als Fünfjähriger. Den Rest der Geschichte und dass auch ich ein Flüchtlingsenkel bin, erfuhr ich erst viel später.

Neulich ...

... am Küchentisch

Ich habe nach meiner Geschichte über »Oma Rahnsdorf« noch mal über die Frage der Flüchtlinge und Migranten nachgedacht. Und darüber, ob es überhaupt noch Nationen gibt, die genau zu definieren sind. Heutzutage redet nämlich mancher wieder von den »echten Deutschen«, die von Fremden bedroht seien. Aber woher weiß man, dass man »echt« ist, und was bedeutet das überhaupt? Ich erinnere mich plötzlich an ein Gespräch, das ich vor langer Zeit mal mit meiner jüngeren Tochter führte, als sie noch in der Grundschule war. Es lief etwa wie folgt:

Wir sitzen am Küchentisch, und plötzlich fragt meine Tochter: »Du, Papa, wer sind eigentlich unsere Vorfahren?« – »Ja, mmh«, antworte ich, »deine Oma kommt aus dem heutigen Polen, dein Opa aus Berlin. Wenn man weiter zurückgeht, hört's irgendwann auf, nämlich beim Ururopa. Punkt. Aus.« – Meine Tochter lässt nicht locker. »Aber mal ehrlich«, sagt sie, »stammen wir vielleicht von Bauern, Rittern, Königen oder Bürgern ab?«

»Na gut«, sage ich, »wenn du's genau wissen willst. Vielleicht stammen wir ja von allen zugleich ab.« – »Hä?«, fragt meine Tochter. – »Na, wenn man zum Beispiel allein über die Väter-Linie in

103

die Zeit zurückgehen könnte«, fahre ich fort, »vom Vater über den Opa, Uropa bis zum Ururururopa und so weiter, dann käme man ja irgendwo an. Und dann würde sich vielleicht folgende Familiengeschichte ergeben.« Und ich spinne los: »Ein römischer Legionär stapft vor zweitausend Jahren den Limes auf und ab. Eines Tages trifft er eine Germanin, mit der er ein Techtelmechtel hat. Sie bekommt einen Sohn. Der zeugt sieben Kinder. Einige davon haben auch wieder Söhne, und einer davon wird Händler. Er reist in die Welt. Sein Schiff strandet in Griechenland, und er vermählt sich dort. Einer seiner Nachkommen wird von den Osmanen geraubt und zu den Janitscharen gesteckt. Er steigt bis zum Wesir auf und zeugt einen Sohn, der auf Eroberungszug geht. Dieser macht sich bei der langen Belagerung von Wien eine Bäuerin gefügig, die einen Sohn bekommt, der sich dann weiter vermehrt. Irgendwann verarmt der Hof, und so muss sich einer der Nachkommen auf Wanderschaft begeben. Er kommt nach Deutschland und verdingt sich in einer Manufaktur. Er wird die rechte Hand des Chefs, heiratet dessen Tochter und erbt das Unternehmen. Eine Fabrikanten-Dynastie entsteht. Deren Söhne und Enkel treiben es natürlich fleißig mit den Dienstmädchen. Eines davon verschlägt es nach Berlin, mit ihrem unehelichen Sohn. Und der verliebt sich in ein Mädchen, das später deine Ururoma wird ...«

»Wow, wie kompliziert!«, stöhnt meine Tochter. »Aber du siehst«, sage ich, »allein, wenn man die direkte Väter-Linie nimmt, kann man von vielen Leuten aus aller Welt abstammen: von römischen Legionären, Händlern, osmanischen Wesiren, Bauern, Arbeitern, Unternehmern und Landstreichern.« – »Kann man auch mit Kaisern, Päpsten und berühmten Musikern verwandt sein?«, fragt meine Tochter.

»Durchaus«, sage ich. »Bis jetzt war unsere Rechnung nämlich noch höchst einfach. Wir haben die Väter-Linie verfolgt. Man könnte auch die Mutter-Linie dazunehmen. Dann würde man wieder ganz woanders ankommen, vielleicht bei den Wikingern. Denn die Begegnung unserer Eltern war ja recht zufällig.« – »Buh, das ist mir alles zu schwierig«, stöhnt meine Tochter. Jetzt aber bin ich erst richtig in Fahrt. Ich gehe an den Computer, komme nach einer Weile zurück und sage: »Hör mal, richtig irre wird es erst, wenn man beide Eltern als Vorfahren nimmt. Vor dieser Rechnung sollte sich jeder hüten. Denn er gerät in Abgründe, von denen er nie etwas geahnt hatte.« – »Wieso?« – »Na, nimm mal Mama und Papa. Sie haben jeweils zwei Eltern – ganz naturgemäß. Das macht schon vier direkte, blutsverwandte Vorfahren. Auch diese stammen jeweils von zwei Eltern ab. Du hast also acht Urgroßeltern. Wenn man deren Urgroßeltern nimmt, sind das schon 64. Und deren Urgroßeltern wiederum summieren sich bereits auf 512. Nehmen wir an, dass zwischen den Generationen jeweils etwa 20 Jahre liegen. Das ist sogar noch großzügig berechnet, denn vor Jahrhunderten bekam man oft viel früher seine Kinder. Also lebten nach dieser Rechnung im Jahr 1809, als Napoleon die Schlachten von Aspern und Wagram schlug, 1 024 deiner Vorfahren. Und geht man nun zurück bis zum 30-jährigen Krieg, sind das etwa 20 Generationen, und deine Vorfahren summieren sich auf über eine Million. Setzen wir das aber fort bis zur Zeit der ersten deutschen Kaiser – also Ottos des Großen –, geht das in die hunderte Billionen.«

»Hilfe!« ruft meine Tochter. »So viele Menschen haben doch niemals zur gleichen Zeit auf der Erde gelebt!« – »Ja«, sage ich, »das ist ja das Verrückte. Du teilst dir dieselben Vorfahren nämlich mit Millionen und Abermillionen Menschen. In dem riesigen Ästelwerk kann man nämlich beliebig hin und her surfen. Und am Ende kommt raus, dass du mit allen irgendwie verwandt bist.« – »Das ist super«, ruft meine Tochter. »Dann kann ich ja jetzt die ganze Klasse zu meinem Geburtstag einladen.« – »Naja, so eng verwandt sind wir nun auch wieder nicht.«

Neulich ...

... auf dem Mond (1)

Blicke ich nachts hoch zum Mond, staune ich immer wieder. Lange hatte ich nämlich gedacht, das Ding sei richtig groß. Erst seit kurzem weiß ich: Der Mond würde locker in Nordamerika reinpassen mit seinen 3 474 Kilometern Durchmessern. Irre Vorstellung!

Neulich las ich auch, dass die EU und Russland bald gemeinsam auf den Mond fliegen wollen, um dort irgendwann eine Basis zu errichten. Ein Team von sechs Frauen simulierte am Moskauer Institut für biomedizinische Probleme eine Mondmission. Es ging darum, wie sie mit totaler Isolation klarkommen. Warum die Russen für diesen Versuch nur Frauen genommen haben, weiß ich nicht. Jedenfalls haben sie bei der Vorstellung der Mission tief in die Klischee-Kiste gegriffen.

Der Moskauer Institutsleiter wünschte den Frauen eine konfliktarme Zeit, obwohl es doch heiße, »zwei Hausfrauen können nur schlecht mit einer Küche leben«. Und von Journalisten mussten sich die Psychologinnen, Ärztinnen und Forscherinnen fragen lassen, wie sie denn tagelang ohne Männer und Make-up auskommen wollen. Man stelle sich vor, es ginge um eine reine Männer-Crew und das Ganze spiele nicht in Moskau, sondern in Berlin.

»Ick bejrüße alle Anwesenden«, sagt die Leiterin der neuen Mondmission bei der Pressekonferenz, »und ick wünsche unserer Crew 'ne konfliktarme Zeit. Wird schwer werd'n. Tut mir leid: Männer sind nu mal nich so richtich reinlich. Sie könn' nich über Probleme reden und sind ooch nich multitasking-fähig. Ick seh da 'n bisschen schwarz für die Mission. Aber wir versuchen's mal.«

Und dann stellen die Journalisten Fragen: »Wie wollen Sie denn so lange ohne Frauen auskommen?« – »Wer macht Ihnen denn das Mittagessen? – »Wer schneidet Ihnen die Nasenhaare?« – »Was ist, wenn Sie mehrere Sachen zur gleichen Zeit machen müssen? Haben Sie dafür einen Notfallplan?« – »Und wenn Sie mal krank werden? Wer kocht Ihnen dann den Tee?«

Es ist natürlich schrecklich, wenn Männer ganz allein auf einer Raumstation unter sich sind. Sie kloppen sich darum, wer als nächster mit der Außenkamera rumspielen darf. Sie machen nirgends sauber, so dass sich böse Weltraumbakterien verbreiten. Sie werfen ihre getragenen Socken nicht in den Wäschepuff, so dass diese rumfliegen und die Frischluftzufuhr verstopfen. Wenn die Leitzentrale anruft, sind sie kurz angebunden und hören nicht zu, wenn was Wichtiges gesagt wird. Statt den geplanten Versuch im Labor zu machen, trinken sie Bier und reden über Weiber. Und dann noch das Pinkeln im Stehen! Ausgerechnet in der Schwerelosigkeit, wo jede Flüssigkeit in tausend Kügelchen ...

Na lassen wir das. Es ist jedenfalls ein Wunder, dass Raumfahrt überhaupt funktioniert.

Neulich ...

... bei den Uralten

Aus traurigem Anlass habe ich in dieser Woche über das Werden und Vergehen nachgedacht. Mir ist dabei aufgefallen, dass ich nur drei Männer kenne, die wirklich uralt geworden sind: Johannes Heesters, Helmut Schmidt und meinen guten Bekannten Otto Gröllmann, ein Bühnenbildner, der einst im Widerstand gegen die Nazis aktiv gewesen war. Heesters wurde 108, Schmidt 96 und Gröllmann 97 Jahre alt.

Ich habe überlegt, ob auch ich einmal so alt werden könnte. Dann fiel mir voller Schreck auf, dass keiner der drei aus Berlin kam. Zwei stammten aus Hamburg und einer aus den Niederlanden. Vielleicht liegt das Geheimnis ihres Alters in der Luft der Nordsee, die sie als Kinder einatmeten. Irgendwelche maritimen Aerosole müssen da drin sein, ein Gewürz aus Jod und Methusalem-Schwebeteilchen.

Der Berliner Senat müsste mal ein bisschen Geld locker machen und ein paar tausend Tonnen Meersalz kaufen. Die kippen wir in die Spree, den Müggelsee und den Wannsee. Mal sehen, was passiert. Ich setze mich gerne ein paar Wochen lang ans Ufer und atme.

Vielleicht gibt's auch andere Wege. Man könnte Ziegenmilch trinken und Magerkäse mümmeln, wie die Uralten in den Bergen des Kaukasus. Man könnte Goya-Gurken und Seetang essen, wie die vielen Hundertjährigen auf der japanischen Insel Okinawa.

Doch ehrlich gesagt: Der Berliner hat keine Chance. Sieht er Goya-Gurken und Seetang vor sich liegen, schreit er sofort:

»Wat, dit soll ick essen? Wo is'n meine Körriewurscht?« Und Currywurst, das muss man wissen, ist reines Gift: Frittenfett mit tonnenweise Zucker in der Sauce. Und komm' dem Berliner mal mit Ziegenmilch! »Wat is denn dit?«, ruft er dann, »ick will meene Molle, aber zacki!« Die Molle – also das Bier – geht wiederum auf die Plautze. Deshalb heißt ja der Bauch auch Mollenfriedhof.

Allerdings werden auch ein paar Berliner richtig alt, weit über den statistischen Durchschnitt von 77 Jahren hinaus. Sogar mein guter Bekannter Otto ist zwar in Hamburg aufgewachsen, aber in Berlin alt geworden. Und das nicht etwa irgendwo am Waldrand, sondern mitten in der Stadt. Auch Berlin besitzt also sein Methusalem-Potenzial.

Ich habe mal geschaut, was die drei uralten Männer gemeinsam hatten. Sie waren schlank, bis zum Schluss aktiv und besaßen ein gesundes Selbstwertgefühl. Und vor allem: Sie rauchten wie die Schlote, ihr Leben lang. Na gut: Heesters hörte mit 103 Jahren auf, aber das spielte dann auch keine Rolle mehr.

Drei uralte Raucher – das ist noch keine Statistik, ich weiß. Aber es gibt mir zu denken. Wahrscheinlich ist das mit der Meerluft Quatsch. Hier regieren einfach die Gene. Ich rufe mal lieber bei den Genetikern der Charité an. Vielleicht können die da noch ein bisschen was basteln.

Neulich ...

... an der Baustelle

Vor unserem Hause in Köpenick wird gebaut. Seit gefühlten
zehn Monaten. Eine Fahrbahn wurde gesperrt, die Straße aufgerissen. Irgendein dickes Rohr muss neu verlegt werden. Ich
habe da keine Ahnung und schildere bestimmt nur laienhafte
Eindrücke.

Aber es scheint mir so, als gäbe es ein paar Grundgesetze für
öffentliche Bauarbeiten. Das wichtigste lautet: Am ersten Tag
muss es ganz früh losgehen, und zwar um sieben Uhr. Ein kleiner Trupp von Bauleuten schleicht sich mit Hämmern, Bohrern
und Spitzhacken an. Und dann – bamm! – geht's ab. Man fliegt
aus dem Bett, die Haare stehen einem zu Berge, der Puls rast.
Genau eine halbe Stunde lang ist richtig Krach. Danach herrscht
plötzlich wieder Ruhe, und niemand ist mehr zu sehen. Die
Krachmacher sitzen im Bauwagen und machen drei Stunden
lang Frühstückspause.

Ein, zwei Tage wurde vor unserem Haus weitergewurstelt.
Dann verwaiste die Baustelle für die nächsten Wochen. Die
Anwohner blickten auf tiefe Gräben. Eine Weile beobachteten
wir, wie sich ein sandiges Riesenloch mit Wasser füllte, das bald
überlief und die Straße runterrann.

»Das unterspült doch irgendwann unser Haus«, sagte ich zu
meiner Frau. »Kann sein«, antwortete sie und erinnerte daran,
dass in der Nachbarstraße vor einiger Zeit plötzlich Fahrbahn
und Gehweg abgesackt seien, als läge unter unserem Viertel ein
alter Bergwerkstollen. Ich grinste gequält. Denn wir hatten mal

Risse in der Hauswand. Ist gar nicht lange her. Ein Hypnotiseur, genannt Architekt, kam vorbei und starrte eine Weile auf die Wand. Dann errichtete man ein Gerüst und schmierte die Risse einfach zu. Nun kann man sie nicht mehr sehen. Aber sind sie dadurch weg?

Vor ein paar Jahren ist übrigens nicht weit von uns in der Altstadt ein Haus zur Hälfte eingestürzt. Ein ungeschickt agierender Baggerfahrer auf dem Nachbargrundstück soll Schuld gewesen sein. Wer's nicht glaubt, kann mal »Kietzer Straße 6« und »Einsturz« bei Google eingeben.

Am vergangenen Sonnabend, früh um sieben, sind nun die Arbeiten vor unserer Haustür wieder losgegangen. Mit irgendeinem Gerät, das laut brummte und die Schränke leicht vibrieren ließ. Vielleicht sollten wir schon mal die Tasche für's Hotel packen. Wer weiß. Ich mein' ja nur.

Neulich ...

... am Glühweinstand

Je nach nationaler Herkunft kann die Aussprache ganz unterschiedlich sein: »Gljuu-Wajn«, »Geluuu-waiiin« oder »Jlühweijn«. Für englische Touristen ist es schlichtweg »Glue Wine«. Stimmt ja auch. Glue heißt Klebstoff, und manchmal ist der Glühwein auf Berliner Weihnachtsmärkten so süß, dass er einem alles zusammenklebt. Die Tische und die Finger kleben sowieso.

Eine Gruppe Norweger lacht laut. »Eh, wir sind heute früh erst hergeflogen«, erzählt ein Mann. »Es ist ein Traum. Bei uns zu Hause darf man nur im Restaurant trinken. Aber hier ...« Er zeigt glücklich auf die Buden, das Riesenrad. Berlin – die Stadt der Open-Air-Besäufnisse.

Auch in der S-Bahn herrscht Glühweinstimmung. Wo man sonst Studenten und junge Touris mit Bierpullen sieht, sind es jetzt angeschickerte Bürokollegen, kichernde Mittvierzigerinnen, flirtende Grauhaarige mit Wichtelmütze. Einer zieht den Becher hervor, den er vom Stand hat mitgehen lassen. »Noch fümmfff Jahre – und ick hab'n janzen Satz«, lallt er. Alles grölt.

In einer Ecke der Bahn sitzen zwei Mädchen, etwa 16 Jahre alt. Auch sie kommen vom Weihnachtsmarkt, wo sie wilde Runden auf Karussells gedreht haben. Sie zählen die Leute auf, die dort gewesen sind – aus ihrer Schule, ihrer Klasse oder von wo auch immer. Beide wünschen sich offenbar, beliebter zu sein. Die eine sagt: »Ich bin unbekannt wie ein Blatt« und seufzt. Ihre seltsame Sprache hat das unbeschriebene Blatt Papier zum einsamen Blatt am Baum gemacht. Eine lyrische Variante.

Beide überlegen laut, wie viele Jungs sie schon geküsst haben. Die eine holt ihr Handy raus, um all ihre Kontakte zusammenzukriegen. »Der Erste war Marvin ...« Dann folgen vier, fünf weitere Namen von süßen Typen und schließlich offenbar jemand, der nicht ganz so cool gewesen ist. Ein Fetenunfall unter Alkohol. »Ich weiß, es ist peinlich, aber ich war nicht im Zustand zum Checken!«, sagt sie.

Die Glühweinbeschwipsten um sie herum grinsen. Sie sind gerade in einem ähnlichen Zustand. Weihnachten – das Fest der Liebe!

Neulich ...

... auf der Silvesterfeier

»Wat machst'n Silvesta?«, fragt mich mein alter Schulkumpel, den ich nach langer Zeit mal wiedergetroffen habe. »O je, ich weiß noch jar nich«, antworte ich. »Ick ooch nich«, sagt er. »Der janze Stress jeht ma voll uff de Psyche. Ick will da eijentlich jar nich mehr mitmachen.« Ich nicke ihm solidarisch zu. So ähnlich geht's mir auch.

Es gibt einen einzigen Abend im ganzen Jahr, an dem ich früh müde werde. Das ist der Silvester-Abend. All die anderen Abende sitze ich so rum, lese, gucke Videos, höre Musik, trinke ein Weinchen. Und – huch – plötzlich ist es halb zwei Uhr nachts. Aber zu Silvester fallen mir regelmäßig um acht Uhr die Augen zu. Das liegt daran, dass ich zu Silvester wach bleiben und lustig sein muss. Und müssen mag ich überhaupt nicht.

»Ich weiß nich«, sage ich und überlege laut, vielleicht doch noch irgendwo hinzugehen. Jemand im Freundeskreis wird ja sicher so leichtsinnig sein, eine Party auszurichten. »Hör mir uff mit Homepartys«, ruft mein Schulkumpel. »Mir wird jedes Mal übel! Imma jibt's Racklett oder Fongdü, obwohl de noch pappesatt bist von de Feiataare. Denn spielste Scharade oder Äktiwiti wie so'n Blöder ... Und denn kieken alle ›Dinna for Wann‹, obwohl se den Dialoch schon mitmeißeln können! ... Un denn dit Bleijießen. Allet panscht rum. Am Ende is de Tischdecke anjekokelt. Hör ma uff! ... Un dit Tischfeuawerk. Findste noch Ostern in alle Ritzen. Nee, lass ma sein!«

Ich nicke bestätigend. Einmal lud ich zu Silvester dummerweise lauter Freunde mit Kindern zu uns nach Hause ein. Nie wieder! Die Kinder verteilten Konfetti in der ganzen Wohnung, schmierten Pfannkuchenmarmelade in den Teppich und schmissen die Weingläser ihrer besoffenen Eltern um. Letztes Jahr war ich mit Freunden in einem ungarischen Restaurant. Um Mitternacht sangen die anwesenden Ungarn martialisch ihre Hymne, die Hand auf dem Herzen. Fehlte nur noch 'ne Rede vom Präsidenten Orbán. Ich schlich mich raus, schoss Raketen ab und verbrannte mir den Daumen. Keine schöne Erinnerung.

»Wahrscheinlich bleib ick Silvesta im Bette«, sagt mein Schulkumpel. Ich nicke. Nette Idee. Watte ins Ohr und gute Nacht!

Neulich ...

... bei den Besserwissern

»Aber sonst jeht's dir danke?« Diese ironische Frage ist für einen Berliner ganz normal. Er stellt sie, wenn jemand verrückt spielt oder was Blödes tut. Umso erstaunter war ich, als ich dieser Tage bei Facebook Zeuge einer emotional gefärbten Debatte wurde. Sie drehte sich genau um diesen Ausdruck. Der war nämlich im Duden aufgetaucht – als Beispiel für Alltagssprache.

Um Himmels willen, ereiferte sich jemand. Man könne doch nicht sagen, dass es einem danke gehe. »Ist die deutsche Sprache wirklich schon derart deformiert?« Einer fand es »schauderhaft«. Ein anderer schrieb: »In Österreich ist uns das zum Glück

(wenigstens bis jetzt) erspart geblieben – es klingt grauslich.«
Dem stimmten andere Österreicher zu.

Zugegeben: Der Ur-Berliner spricht nicht gerade lupenreines Deutsch. Er sagt »meinswejen«, er »prepelt« ewig an seiner Stulle rum. Dann ist ihm »kodderich« zumute, und er muss »een valöten«. Manchmal kriegt er »eene rinjebuttert«. Ist »eene uffjetakelt«, wird er »janz wuschig«. Und dann die Grammatik! Diese totale Ignoranz des Dativs: »Haste von die Jeschichte mit die Tante bei die Pullessei jehört?«

Aber, hallo, ihr Österreicher! Sonst geht's euch danke? Wieso beschwert ihr euch? Seid ihr nicht die, die Dinge sagen, wie: »Das geht sich net aus?« Damit meint ihr, dass irgendwas nicht klappt oder reicht. Also, bei uns Berlinern geht nur eins nicht aus: das Licht. Trotzdem ziehe ich nicht vors Sprachgericht. Auch in anderen Fällen nicht. Wenn man sich etwa im Norden unseres Landes für etwas bedankt, hört man als Antwort: »nich dafür« oder »da nich für«. Ja, wofür denn dann?, frage ich mich immer. Für was anderes? Dann sagt doch, wofür!

Jeder redet, wie er's gelernt hat. Als netter Mensch hört man zu und denkt: Aha, wie vielfältig ist doch die deutsche Alltagssprache! Wer aber von »grauslich« oder »schauderhaft« redet, obwohl er selbst im sprachlichen Glashaus sitzt, dem rufe ich auf Berlinisch zu: »Dir ham'se wohl ...?« Wahlweise kann er einsetzen: »... mit'n Klammerbeutel jepudert« oder »... als Kind zu heiß jebadet«.

Neulich ...

... auf dem Rodelberg

Die Blondine blickt mitleidig auf Berlin mit seinem bisschen Schnee. Sie sitzt mit ihrem Partner in der S-Bahn. Beide sind um die zwanzig. Sie mokiert sich darüber, dass sich in einem Berliner Park zwei Dutzend Kinder auf einem kleinen Hügel drängten, um mit ihren Schlitten runterzurutschen. »Das ist irgendwie armselig«, sagt sie und erzählt ihrem Freund von Bekannten im Wallis, dem Schweizer Ski-Kanton. Man könnte ja mal dort hinreisen, um richtig Wintersport zu betreiben.

Pah, denke ich, du hast doch gar keine Ahnung. Der Berliner ist der Wintersportler schlechthin. Zwar nicht der Eleganteste, aber der Härteste. Dafür muss er gar nicht auf den Teufelsberg oder den Mont Klamott. Nein, der kleine Abhang am Bahndamm reicht. Das liegt an der Art des Untergrunds. Wenn dreitausend Kinderschlitten drübersausen, dann schmilzt der Schnee und gefriert wieder, schmilzt und gefriert, schmilzt und gefriert. Vorausgesetzt, es ist kalt genug. Am Ende hat man einen diamantharten Buckel, vergleichbar mit den Eisschichten des bohrresistenten Kometen Tschuri, der vor kurzem von der europäischen Raumsonde Rosetta besucht wurde.

»Kommste mit uff de Todesbahn?«, hieß es in meiner Kindheit. So nannten wir die künstliche Rodelrinne in den Müggelbergen. Runter ging's mit »Bahne frei, Osterei!« oder »Zicke-zacke, Hühnerkacke!« Manchmal zogen wir abends den zersplitterten Schlitten eines Freundes nach Hause, während er selbst in der Notaufnahme saß.

Mit meiner späteren Frau raste ich mal die Bahn auf der Oder-bruchkippe, dem Volkspark Prenzlauer Berg, runter. Der Schlitten sprang über Eiswellen, erreichte die Geschwindigkeit einer startenden Boeing vor dem Point of no Return und krachte in einen Schneeberg. Fast hätte es keine Hochzeit gegeben.

Schon mein Opa erzählte einst, dass er als Kind mal auf's Eis gefallen sei und sich das ganze Kinn aufgerissen habe. »Wenn ick den Mund uffjemacht habe, is det Kinn zujeklappt. Wenn ick den Mund zujemacht habe, is det Kinn uffjeklappt.« Alle Kinder hätten gestaunt.

Ach, Skihaserl. Was ist schon dein Wallis gegen solche Härte! Pipifax mit Schneekanonen!

Neulich ...

... in der Grundschule (1)

Können die Kinder eigentlich noch berlinern? Das fragte eine gute Freundin die Grundschul-Erzieherinnen ihrer Kinder. »Nee, wa, so richtich berlinert keena mehr«, antwortete die eine. Die andere sagte: »Stimmt! Komisch! Da wer'n wa dran arbeiten, vasprochen!«

Au fein, da mach ich mit! Ich biete Kurse für Grundschüler an. Ganz im Sinne meiner Berliner Vorfahren, etwa meiner alten Großtanten oder meines Opas. Die Grammatik ist dabei ungeheuer wichtig! Hier werde ich auch gleich in der ersten Unterrichtsstunde ansetzen. Man kann da nämlich viel falsch machen.

Wenn man zum Beispiel den Genitiv benutzt. Das sollte man tunlichst unterlassen. Statt »Fass bitte Omas Blumentopf nicht an!« heißt es: »Footen wech von Oma ihr'n Blum'topp!« Auch der Dativ ist heikel. Ein Onkel meiner Frau erklärte einmal: »In Berlin heißt es stets: mit die, von die, bei die.« Ein korrekter Satz wäre also: »Ick habe die Jeschichte von die Olle jehört, die mit ihre Freundin bei die Feier war.«

Entscheidend ist auch die Frage, wann man »mir« oder »mich« sagen sollte. Also: Liebt sie mir oder liebt sie mich? Ganz einfach: Man sagt immer »ma«. Dann kann man nie etwas falsch machen. »Wat, du liebst ma nich mehr? Da mach ick ma janüscht draus.«

Präpositionen sind auch ganz wichtig. Hier kommt es vor allem darauf an, genau das richtig Falsche zu treffen. Es heißt zum Beispiel: »Jeh mal bei Vati'n!« oder »Ick loof heut' ahmt nach'n Friedhof, Blum' klau'n«. Wenn man das Wörtchen »zu« partout nicht ganz aus seinem Wortschatz streichen will, dann nutze man es bitte in Sätzen wie: »Ick jeh jetz' ze Hause«.

Im Berlinischen kommt es auf Feinheiten an. Statt »wann« sage man »wenn« (»Wenn kommst'n heute ahmt?«) – Statt »dann« sage man »denn« (»Denn kannste ja immer noch kiek'n, ob de vorbei kommst!«) – Statt »als« sage man »wo« (»Neulich, wo ick bei meine Tante war ...«) – Und statt »warum« sage man »wat« (»Wat glotzt'n so, du Flitzpiepe?«)

Überhaupt, das Wörtchen »wat«! Es gehört zu den Markenzeichen des Berlinischen. Eine nette Leserin sandte mir einen Text, der das schön illustriert. Darin heißt es unter anderem: »Wenn een junger Mann heiraten will, dann sucht er sich wat. / Er sucht sich een junget Mädchen, / wat wat is – wat wat kann. / Und nich zu vajessen, wat wat mitbringt!«

Auch die Aussprache der Laute ist wichtig. Meine Frau war

einst Sprecherkind beim Radio, und man gewöhnte ihr in der Sprecherziehung mit viel Mühe diese typische Berliner Vokalfärbung beim »i« ab. Den heutigen Kindern in der Schule muss sie natürlich bewusst antrainiert werden – und wenn das zehn Stunden Nachsitzen bedeutet. Denn wer sie nicht beherrscht, der ist auch kein echter Berliner. Also: »Mülsch und früsch'n Füsch uff'n Tüsch – und denn ran wie nüscht!«

Neulich ...

... in der Grundschule (2)

Das Berlinische an den Nachwuchs zu bringen, bedeutet auch, ihm den unbändigen Spaß der Berliner an Lautmalereien zu vermitteln. So fragte mich ein Leser jüngst: »Kennen Sie einen Berliner Satz mit den Begriffen Kaviar, Kasimir und Katze?« – »Noch nicht«, schrieb ich. Er antwortete: »Kaviar keene Haare mehr. Kasimir abschneid'n lass'n. Katze ville zu lang!« Weitere Beispiele: Ein Satz mit dem Wort Muttererde? – »Mutter, ehr de jehst, schmeiß noch'n Schokoriejel runta!« – Ein Satz mit Mama? – »Mama dit Fensta zu!« – Ein Satz mit Bildermann? – »Bildermann nüscht ein!« – Ein Satz mit den Sport-Begriffen kontern, kantern und kentern? – »Jestern kontern noch jut leiden, da kantern noch nich, heute kentern!« – Ein Satz mit Vendetta? – »Wenn detta ma keene Blutrache wird!« – Ein Satz mit Konzert und Feldmütze? – »Kohn zerrt seine Olle durch'n Saal und fällt mit se.« – So was geht lautmalerisch nur in Berlin!

Eine Leserin wiederum sandte mir einen Satz mit dem Wort Holzwarenfabrik zu: »Als wa neulich in Schönholz waren, vabri'ick ma doch de Finga!« Au, das hat bestimmt ganz schön weh getan.

An diesem Satz sieht man übrigens gut, dass der Berliner die Vergangenheit sprachlich oft in die Gegenwart verlegt – oder sogar in die Zukunft. Letzteres wird durch das berühmte Berliner Futur-Präteritum ausgedrückt und hört sich so an: »Werd ick doch am verjang'nen Sonntach nach Schönholz fahr'n und ma de Finga vabriehn.«

Überhaupt die Zeitformen. Man vergesse Präsens, Präteritum, Perfekt und Plusquamperfekt und gewöhne sich gleich an das sogenannte Spree-Plumperfekt, das der Berliner ständig nutzt: »Da hatta sich'n Spaß mit jemacht jehabt.« – »Jestern sind se jetraut jeworden.« Wenn ich mal meine Memoiren schreibe, heißen die selbstverständlich: »So war't jewesen«.

Für ganz bestimmte Berliner Zustände bräuchte es aber noch weitere Zeitformen. Zum Beispiel für den niemals fertig werdenden neuen Berliner Flughafen. Für diesen schlägt die satirische Webseite *Der Postillon* das Futur III vor. Das klänge dann so: »Ich werde nächstes Jahr im Sommer von Schönefeld nach Mallorca in den Urlaub geflogen wären gewesen.« Das klingt zugegeben ein wenig unelegant. Ich schlage dagegen das Berliner Futur IV vor: »Werd ick doch nächstet Jahr nach Mallorca jeflogen sein hätten können.«

Apropos Berliner und Sprach-Quatsch. Was dies betrifft, war mein Opa einer der albernsten Menschen überhaupt. Er erzählte mir etwa, dass man einst auf Berliner Firmen- oder Familienfesten kleine Stücke vorführte. Eines hieß »Die letzte Frist«. Das Publikum saß da und blickte auf einen Vorhang. Wenn der sich

120

öffnete, sah man ein paar Damen vorbeilaufen, und die letzte von ihnen verschlang eine Bockwurst. Für den Berliner war klar: »Die Letzte frisst!« Und beim Stück »Die schwebende Seefee« sah man nach dem Öffnen des Vorhangs lediglich ein Stück Seife an einer Strippe hin- und herschweben. Auf Berlinisch: »Seefe«.

Neulich ...

... im Museum

Zwei Berliner betrachten Bilder in einem Museum. Das hört sich etwa so an: »Kiek ma, wat soll'n dit vorstelln? Der Typ hat'n viereckjen Deez und dit Ohr anne Backe. Sieht aus wie du.« – »Pass ma uff. Hast wohl lange nich mehr im Jipsverband aus'm Charitéfensta jekiekt, wa?« – »Reech da nich uff! Is ehmt Kunst, wa!« – »Wat, Kunst? Dit kann doch'n Dreijährija! So wat ha'ick ja schon in Kindajarten jepinselt.«

Klar, der Berliner hat immer schon im Kindergarten Groß-artiges gepinselt. Er lässt sich auch nicht vorschreiben, was er schön finden soll. Wenn man ihm was vorsetzt, reagiert er skeptisch, ja despektierlich. Vor allem, wenn es um Kunst und Architektur geht. Da ließ zum Beispiel der Preußische König um 1830 eine große Granitschale im Lustgarten aufstellen – fast sieben Meter Durchmesser, ein Symbol von Macht und Schönheit. Und der Berliner nannte sie einfach »Suppenschüssel«. Der 1970 eingeweihte »Brunnen der Völkerfreundschaft« auf dem Alex wurde zur »Nuttenbrosche«, die Kongresshalle im Tiergarten zur

»Schwangeren Auster«, das Luftbrückendenkmal in Tempelhof zur »Hungerharke«, das Turmrestaurant Steglitz zum »Bierpinsel«, der Weltkugelbrunnen am Europa-Center zum »Wasserklops«.

Originalität kann man dem Ganzen nicht absprechen. Mitunter auch echten Geist. Die 1806 durch die Truppen des »Napoljum« verschleppte Quadriga vom Brandenburger Tor zum Beispiel nannte der Berliner »Retourkutsche«, als sie 1814 endlich aus Paris zurückgeholt wurde. Aber wehe, man schwatzt ihm einen bestimmten Namen auf. So etwa vor Jahrzehnten, als der neu gebaute Fernsehturm am Alex in den Medien immer wieder »Telespargel« genannt wurde. »Nöö, dit is mir zu blöde«, sagt sich da der Berliner. »Ick nenn' den einfach Fernsehturm!«

Ein paar mal hat der Berliner aber leider nicht aufgepasst. Da hat man seine schönes altes Bahnhofsklo in »WC-Center« umbenannt und seine Straßenbahn in »Metro-Tram«. Eingewanderte Sprach-Provinzler versuchen auch hartnäckig, den »Eierkuchen« zum »Pfannkuchen«, den »Pfannkuchen« zum »Berliner« oder die »Boulette« zur »Frikadelle« zu machen. Eine schwierige Situation für den Berliner. Er kann ja nicht zur selben Zeit überall sein, um all das zu verhindern.

Aber wenn er dem Trend nicht Einhalt gebietet, wird der Tierpark bald »Animal Area« heißen, die Bockwurstbude »Heißwurst-Point« und der Fernsehturm »Vertikal-Center der Medienmetropole Berlin«. Berliner, wehrt euch! Werft mit Eierkuchen!

Neulich ...

... an den Kanälen

Mein alter Schulkumpel war in Venedig. Es hat ihm super gefallen, die Paläste, die Kanäle. Vor allem aber, dass es keine Autos gibt. »Dafür siehste lauter coole Giovannis mit Sonnenbrille, die wie blöde mit de Wassertaxe rumjurken. Immer jib Propella! Und lauter Jondelfritzen, die über'n Kanal brüllen. Aber nich eena von denen hat ›O Sole Mio‹ jesungen. Voll Beschiss!«

Ja, so hat jeder seine romantischen Vorstellungen. Schon meine alten Großtanten seufzten: »Hach, Venedich, det is ne scheene Stadt. Richtich wat for Valiebte!« Kitschige Ufa-Filme hatten ihr Bild geprägt, mit Songs wie: »Komm in die Gondel, mein Liebchen«.

Bis heute messen sich überall Städte mit Venedig. Auch Berlin hält sich da nicht zurück. Zwar hat die Stadt kaum Chancen, beim Rennen um das »Venedig des Nordens« mitzuhalten, so wie Amsterdam, Sankt Petersburg oder Stockholm. Dafür liegt im Südosten Berlins Neu-Venedig, eine Siedlung mit Kanälen. Und fährt der Tourist mit dem Dampfer über die Spree, hört er irgendwann, dass Berlin mehr Brücken als Venedig habe. Was keine Kunst ist, vergleicht man die Größe der Städte.

Allerdings, ein paar Maßnahmen würden schon genügen, um Berlin aufzupeppen. Während Venedig Kanäle zuschüttete, um Straßen und Plätze draus zu machen, könnte Berlin es umgekehrt handhaben. Einfach ein paar Kanäle ins Straßennetz! Auf dem Canale di Simondachio oder längs der Fondamenta delle Boxhagene könnte man dann »stundenlang rumjondeln« und

123

den Touris, die an idyllisch beleuchteten Restaurants anlegen, das dicke Geld aus der Tasche ziehen. So wie es Venedig macht, die teuerste Stadt Italiens.

Eine Vaporetto-Linie auf der Spree wäre auch eine super Idee. Einfach 20 Wasserhaltestellen von Köpenick nach Mitte. Der schwimmende Bus könnte bei jeder Fahrt auf beiden Seiten halten. So spart man sich Umwege über Brücken und Straßen. Doch was haben wir bisher an BVG-Wasserangeboten? Ein paar Fährverbindungen – eine davon mit Ruderboot. Ein bisschen wenig für so eine wasserreiche Stadt.

Neulich ...

... beim Griechen

Vor zwei Nächten wälzte ich mich schlaflos umher: mit Bauchgrimmen und wild drehendem Kopf. Der Grund: Ganz in unserer Nähe hatte ein neues griechisches Restaurant eröffnet, und ich machte den Fehler, es zu besuchen. Ich wurde ein Opfer schier überbordender Gastfreundschaft. Schon zur Begrüßung standen mindestens fünf Kellner da, wie Rocco und seine Brüder. Jeder schüttelte einem die Hand, als sei man zum großen Familientreffen eingeladen. Die Mama winkte mit dem Kochlöffel aus der Küche.

»Alle trinke Alkoool?«, fragte einer, kaum dass wir Platz genommen hatten. Ohne die Antwort abzuwarten, goss er aus einer Flasche Ouzo in sechs Gläschen, der Größe unserer Gesellschaft entsprechend, die aus meiner Frau, den Töchtern (beide sind wieder im Lande, auch die Jüngere ist aus Chile zurück), der Omi, der Tante und mir bestand. Wir stießen an, überrascht von dieser netten Begrüßungsgeste. Denn in welchem Restaurant gibt's überhaupt noch was aufs Haus? Kaum, dass wir ausgetrunken hatten, stand der Ouzo-Mann wieder da und goss nach. »Is aufs Haus!« Da ein Teil meiner Gesellschaft erfahrungsgemäß nicht so gerne einen Ouzo nach dem anderen trinkt, erbot ich mich, die Runde zu übernehmen und trank drei der sechs Gläser aus. Sie gingen sofort in den Kopf.

Weil mein eigenes zufällig noch voll war, schimpfte mich der Ouzo-Mann beim nächsten Vorbeikommen tüchtig aus: »Warum nicht trinken? Ist gesund! Wie Medizin! Is aufs Haus!« Schwupp, schon wieder waren die Gläser voll.

Damit nicht genug. Während des von uns bestellten üppigen Essens kamen nacheinander alle fünf Kellner vorbei und riefen laut in den Raum hinein: »Alles guut? Schmeckett?« Mama winkte aus der Küchentür mit dem Kochlöffel. Dann gab's wieder eine Runde Ouzo. Plötzlich standen dann noch Teller mit Obst auf dem Tisch, anschließend Tassen mit Mokka und Joghurt mit Nüssen und Honig. »Moment, wir hatten das gar nicht...«, rief ich. Leicht beleidigt kam die Antwort: »Is für Freunde! Is aufs Haus!«

Als ich schließlich aufgebläht und besoffen die Treppe hinunterwankte, dachte mein rotierendes Hirn nur: Hier gehst du nie wieder hin! Hier will man dich umbringen! Mich schlaflos im Bett wälzend, beschloss ich, den Fernseh-Restauranttester anzurufen. Der muss die Leute vor dem Ruin retten! Dann aber sah ich im Internet, dass die üppige Aufs-Haus-Masche viele Gäste so begeistert, dass die Bude stets voll ist. Vielleicht bin ich ja einfach nicht robust genug.

Neulich ...

... bei der Tante

»Nee, sind die schlecht erzoren!«, schimpft meine über 80-jäh-
rige Tante aus Lichtenberg, der ich neulich half, eine Gardinen-
stange anzubringen. Sie meint die Kinder von Bekannten, die
jüngst bei ihr zu Besuch waren. »Die kriegten den Mund nich uff
und kiekten die janze Zeit uff ihre Händies. Man hörte von denen
nicht Danke, nich Bitte, nich Muff und nich Maff.« – Meine Tante
beschrieb, wie »die Jör'n uff de Stühle lümmelten«, ihren Eltern
widersprachen. »Det is doch keene Erziehung mehr!«

Ich vermied es, mit ihr über Erziehungsprinzipien früherer
Zeiten zu diskutieren. Und auch darüber, dass schon die alten
Griechen sich über die schlechte Erziehung der Jugend aufgeregt
haben. Bekannt ist ja das Sokrates-Zitat von vor gut 2400 Jahren:
»Die Jugend liebt heutzutage den Luxus. Sie hat schlechte Manie-
ren, verachtet die Autorität, hat keinen Respekt vor den älteren
Leuten und schwatzt, wo sie arbeiten sollte.«

Die Ursache der Aufregung wandelt sich mit der Zeit. In meiner Kindheit beklagte man, dass sich die Jugend ständig draußen
herumtreibe, statt im Zimmer zu sitzen und sich zu beschäftigen.
Heute jammert man, dass die Jugend ständig drinnen sitze, statt
mal rauszugehen. Im 19. Jahrhundert hieß es: »Ach, die jungen
Damen lesen ständig aufregende Romane. Sie verwirren sich damit
nur ihr Köpfchen.« Heute heißt es: »Lies doch mal ein Buch, einen
schönen Roman, statt immer nur am Computer zu daddeln!«

Und dann die Erziehungssprüche! Die Generation meiner
über 80-jährigen Tante hat sie noch gern benutzt. Meine Frau

und ich haben versucht, einige zusammenzutragen, jenseits von »Sitz gerade!«, »Mit vollem Mund spricht man nicht!« oder »Kinder am Tisch, still wie ein Fisch!« Sehr originell finden wir Sprüche, mit denen man schon kleinen Kindern bestimmte Vorstellungen einpflanzte. Aber was heißt Sprüche. Es sind kleine Erziehungs-Horror-Märchen.

Ich: »Wenn du schielst und es donnert, bleiben dir die Augen stehen« – Sie: »Wenn du dich nicht zwischen den Zehen abtrocknest, wachsen dir dort Schwimmhäute.« – Ich: »Oder Pilze!« – Sie: »Wenn du einen Kirschkern verschluckst, wächst dir aus dem Bauch ein Kirschbaum.« – Ich: »Wer im Dunkeln liest, verdirbt sich die Augen.« Sie: »Wer beim Essen singt, kriegt 'nen dummen Mann.« – Ich: »Wer zu viel Brause trinkt, kriegt Läuse im Bauch.« – Sie: »Wenn man einen Berg runterrollt, verwursteln sich die Gedärme.«

Wir bestätigten uns gegenseitig, dass wir als Kinder tatsächlich ein bisschen Angst vor aus dem Bauch wachsenden Kirschbäumen und stehenbleibenden Augen hatten.

Aber man denke nicht, dass es nur hierzulande solche seltsamen Sprüche gibt. Denn überall auf der Welt leben Tanten, die nur das Allerbeste für die Kinder wollen. Das hat zum Beispiel meine jüngere Tochter während ihres Jahres in Chile erfahren. Dort gibt es eine äußerst beliebte Leckerei, »dulce de leche« genannt: eine dicke, karamellisierte Milchcreme. Meine Tochter sagt, man könne diese nur ab und zu mal essen, so süß sei sie.

Früher stellten die Chilenen die Creme, die es heute abgepackt im Supermarkt gibt, zu Hause her. Wie die Autorin Isabel Allende in einem ihrer Bücher beschreibt, musste das Zeug stundenlang in einem Kessel kochen. Und damit die Kinder nicht naschten, erzählte man ihnen die Geschichte von jenem

Kind, das in den Kessel gefallen war, und sich »in der kochenden Creme aufgelöst hat, und man hat nicht mal mehr die Knochen gefunden«.

Dann doch lieber einen Kirschbaum aus dem Bauch.

Neulich ...

... beim Halt auf freier Strecke

Berliner kommen gerne miteinander ins Gespräch. Aber um Gottes willen nicht, um belanglose Freundlichkeiten auszutauschen. Sondern, um über existenzielle Fragen zu philosophieren. Mancher sagt »meckern« dazu, aber das trifft die Sache nicht. Es ist viel mehr.

Ein Beispiel: Die S-Bahn verlässt den Bahnhof Alex. Nach kurzer Zeit hält sie mitten auf der Strecke an. »Achtung«, tönt es aus dem Lautsprecher, »die Einfahrt in den Bahnhof Jannowitzbrücke verzögert sich. Das Gleis ist noch besetzt.«

Einige Minuten vergehen. Plötzlich schimpft ein Mann laut vor sich hin: »Keen Tach, wo nich irjendwat is! Signalstörung, Zuuchstörung, Weichenstörung, Polessei-Einsatz, Kabel jeklaut ...« Die Leute im Wagen nicken, bleiben aber still. Nur einer greift die Vorlage auf. »Kannste laut saren«, sagt er, »und wehe, wenn sich in Winta 'ne Schneeflocke vakantet. Oder sich bei Hitze de Jleise vabiejen!« – »Janz jenau. Da fährt nüscht mehr. Kannste een druff lassen!« – »Kennst doch die vier Hauptfeinde vonne S-Bahn: Frühling, Somma, Herbst und Winta!« Beide lachen. Man versteht sich prima, obwohl man sich bis eben noch nicht kannte.

»Wennde pünktlich uff Arbeet musst, biste anjeschissen!« – »Musste drei Stunn' früha uffstehn. Aba Fahrkarten kontrolliern könnse. Dafor sind jenuch Leute da!« – »So isset. Alle mal aussteijen und schiem!« – Lachen. – »Wat ick ma manchmal frare bei det ständje Rumjestehe: Wat is'n, wennde als S-Bahnfahrer ma musst? Haste da so'n Topp inne Ecke? Oder 'ne Pulle?« – »Weeß ooch nich. Ick gloobe, die könn' den Boden uffklappen – und denn imma ruff uff de Schienen!« – »Im Winta friert allet fest, und denn komm' se nich vorwärts!« – Jetzt lächeln auch die Umstehenden.

Plötzlich fährt der Zug wieder los und in den Bahnhof ein. »Ick muss raus!«, sagt der eine, steht auf und geht zur Tür. »Schönen Tach noch!« – »Hoffen wa, detta schön wird!«

Beide haben ein glückliches Grinsen auf dem Gesicht. Die vergangenen Minuten haben sich gelohnt. Im Blubbern zieht der Berliner Kraft für den Tag. Doch wehe, es läuft alles glatt. Dann kriegt er schlechte Laune.

Neulich ...

... bei einer Forschungsaktion

»Wat machen die?« ruft mein alter Schulkumpel, mit dem ich mich inzwischen wieder öfter treffe. »Mit Wattestäbchen wolln'se Dreck uffsammeln? Ausjerechnet in Berlin? Da könn'se doch gleich'n Bagger nehmen, so vamüllt is die janze Stadt.« –

»Moment«, rufe ich, »halt doch mal den Rand. Ich will dir ja erklären, worum es geht.« Ich erzähle ihm also, was ich gerade gehört habe: Forscher des Robert-Koch-Instituts (RKI) sammeln in den nächsten Wochen nicht einfach Dreck, sondern sie suchen im Berliner U-Bahnnetz nach Mikroben. Dazu nehmen sie Proben mit Wattestäbchen. Wie das RKI und die BVG mitteilen, ist das Ganze Teil des großen Projekts MetaSub, an dem mehr als vierzig Städte der Welt beteiligt sind: von New York über Mexiko-Stadt und Moskau bis nach Seoul.

Am Ende soll daraus eine »Weltkarte des unsichtbaren Lebens« entstehen. Denn Mikroben – vor allem Bakterien – bilden eine eigene Welt mit komplexen Gemeinschaften, sogenannte Mikrobiome. Forscher wollen diese erstmals erfassen, ihre Erbsubstanz weltweit vergleichen, um auch Schlüsse für den Infektionsschutz daraus zu ziehen.

»Und dazu kriechen jetz' überall Leute mit Wattestäbchen inne U-Bahn rum?«, fragt mein Schulkumpel. »Ja«, sage ich, »weil dort kaum Witterungseinflüsse bestehen und sich Organismen gut verteilen.« Sicher kommen dort auch Milliarden winziger Touristen-Lebewesen aus aller Welt zusammen. Es entsteht ein Multikulti-Mikrobencamp, in dem die Bakterien nachts wie wild feiern und sich vermischen.

»Haha, ick schmeiß ma weg!«, ruft mein Kumpel, »vielleicht finden se aba ooch een Mikrodingsda, wat et nur in Berlin jibt! Mit große Klappe und Muffeljesicht.« Ja, und das nennen wir Vibrio kurtkroemerae. Oder eins mit Vollbart, Hornbrille und Jutebeutel. Das heißt dann Staphylococcus hipstereus. Das wird schon ein lustiges Wattestäbchen-Fest.

Neulich ...

... unterm Krähenbaum

Mitten in der Stadt, wenige Meter vom Deutschen Theater entfernt, liegt ein kleiner Park, in dem abends gerne Theaterbesucher flanieren. Neulich habe ich dort an einem Baum ein Schild entdeckt, auf dem steht: »Achtung. Sie befinden sich im Brutgebiet von Nebelkrähen. Altvögel verteidigen ihre Jungen. Es kann zu Übergriffen auf Fußgänger und Radfahrer kommen.« Unterschrieben vom Bezirksamt Mitte.

Sofort stiegen mir schlimme Szenen in den Kopf. Blut und aufgehackte Köpfe. Flüchtende Touristen in Abendgarderobe. Krähen, die sich auf Radfahrer stürzen.

Dann aber dachte ich mir: Oh, welch eine begnadete Stadt ist doch Berlin! Ein Mensch kann schließlich aufpassen, dass er nicht zufällig in den Nistbereich einer Krähe gerät! Aber ein Vogel ist schutzlos.

Wer noch mal jammert, dass Berlin eine öde Steinwüste sei, der fahre mal anderswo hin. Etwa auf Malta, eine kahle Insel, die jedes Fleckchen Grün, jedes Tier schützen müsste. Denkt man. Doch am Wochenende fahren dort die Leute hinaus, um ihre Vögel abzuknallen. Aus reinem Vergnügen. 32 Zugvogelarten sollen noch immer zur Jagd freigegeben sein. Für Berliner kaum vorstellbar.

Doch nicht nur die Vögel, sondern auch die Bäume werden in Berlin geliebt. Irgendwo müssen die Vögel ja drauf sitzen. Und die vielen heißgeliebten Hunde müssen irgendwo ranpinkeln können. Die Berliner Straßenbäume sind alle fein säuberlich registriert. »Haha, hier hat ja jeder Baum 'ne Nummer!«, riefen einmal Verwandte aus Thüringen, wie ich schon mal erzählte. Na klar, was sonst? Wir sind ja in Preußen. Wenn da ein Baum fehlt, wird sofort ein Suchtrupp losgeschickt, um ihn wieder einzufangen.

Vor unserer Haustür steht ein Rotdorn mit der Nummer 131.2. Im Sommer wird er liebevoll gegossen. Die Nachbarn haben Kartoffeln und Tomaten unter ihm gepflanzt, die gut gewachsen sind. Doch keiner wollte sie am Ende essen. Man weiß ja nie, wie viele Hunde da ihr Bein gehoben haben. So weit geht die Liebe nun doch nicht.

Neulich ...

... bei der Begrüßung

Mit überschwänglichen Begrüßungen hat's der Berliner nicht so. Kommt ihm jemand mit einem »wunderschönen guten Tag!«, dann glaubt er, man will ihm »wat vakoofen« oder ihm die Kehrwoche aufdrücken. Auch Formeln wie »Grüß Gott!« oder »Mojn Mojn« sind ihm schon zu viel der Mühe. Er sagt schlicht »Hi«, »Hallo«, »Tach« oder gibt einfach ein brummendes Geräusch von sich. Mitunter umgeht er das Begrüßungsritual ganz. Aber nicht aus Unfreundlichkeit, sondern um gleich aufs Wesentliche zu kommen und mit seiner Litanei anzuheben.

Wir haben eine Bekannte, in Berlin geboren und irgendwann in den Westen ausgewandert. Zehn Jahre hatten wir sie nicht gesehen und erwarteten sie bei uns zu Besuch. Als sie dann kam, platzte sie gleich los: »Frach nich nach Sonnenschein! Drei mal bin ick mitte Kirche um't Dorf jefahrn. Hör mir uff! Hier kann man doch nich wohn'. Det is ja am Arsch der Welt! Und Parkplätze jib's ooch nich. Dafür lauter Hundescheiße. Wie haltet ihr det bloß aus hier?« Das ist eine typische Berliner Begrüßung.

Beim Abschied wird der Berliner aber oft richtig herzlich. Offenbar verschwindet er gern oder sieht andere Leute gerne gehen: »Halt de Oan steif!«, »Hau rin!«, »Bleib sauba!«, »Ick mach'n Abfluch«, »Ick hau in' Sack!«, »Jrüß deine Frau und meine Kinda!«, »Tschö mit ö!«

Dennoch gibt es auch Berliner, die sich um nette Umgangsformen in allen Situationen des Alltags bemühen, nicht nur beim Abschied. In einem Friedrichshagener Kaffee steht eine junge blonde Eisverkäuferin. Drei etwa Achtjährige kommen herein. Der eine platzt gleich los: »Ick nehm' Nougat!« Die Verkäuferin sagt: »Guten Tag erst mal. Es heißt: Ich möchte gerne. Und vielleicht ham wir's auch im ganzen Satz?« – »Ich möchte gerne Nougat.« – »Wie viele Kugeln solln's denn sein? Vielleicht hör' ich auch noch ein Bitte?« – »Ich möchte gerne eine Kugel Nougat, bitte.« – »Na, jeht doch.« Den gleichen Benimm-Schnellkurs müssen die beiden anderen Jungen über sich ergehen lassen.

Ob die junge Eisverkäuferin von der nahen Schule einen kleinen Erzieherinnen-Bonus erhält, habe ich nicht erfahren. Mein Vorschlag wäre es jedenfalls.

Neulich ...

... auf Modenschau

Eine südafrikanische Neu-Berlinerin sagte jüngst über die Mode in Berlin: »Man kleidet sich schwarz, ist blass und sieht aus, als hätte man drei Wochen nicht geschlafen – und das ist dann cool.« Okay, das Bild trifft es, aber eben nicht ganz. Man sieht viel mehr. Hier die Ernte einer einzigen S-Bahnfahrt: karierte Hemden, neongrelle Schuhe, Strumpfhosen mit ausgefransten Hotpants, Wickeltücher um den Kopf, kakelbunte Leggins, zottelige Vollbärte ...

Blass und Einheitsschwarz – das war mal. Heute scheinen alle Epochen munter durcheinanderzupurzeln. »Irgendwie komm ich nicht drüber weg, dass die Mitte-Mädchen von heute jetzt die Ballonseiden-Jogger meiner Eltern auftragen«, schrieb eine Bekannte jüngst auf Facebook. Das Philosophengefussel, das ostdeutsche Bürgerrechtler vor dreißig Jahren ums Kinn trugen, sieht man heute in der eitlen Hipster-Variante plus Yuppie-Haarschnitt. Ich begegne Typen mit Beatles-Frisuren, Kaiser-Wilhelm-Bärten und schräg über die Stirn geklatschten Scheiteln. Kommt auch das Adolf-Bärtchen wieder? Dann reise ich ab.

Zwanzigjährige Mädchen tragen Haarknoten, die die Berliner einst Portierzwiebel nannten. Und zwar vor hundert Jahren, als dicke Pförtnerfrauen diese Dinger trugen. Und auch Jungs haben die Knubbel auf dem Kopf. Wie aus der Zeit gefallene Samurais. Fehlen nur noch die Schwerter.

Angesichts dieses Chaos begreife ich gar nicht, dass sich neulich ein 30-jähriger Bekannter aufregte, als ich ein klassisches

Stofftaschentuch aus der Tasche zog. Aufgeregt machte er mir klar, dass »Opa-Taschentücher« out seien, wo es doch Tempo-Tatüs gebe. »Bleib doch mal ruhig«, sagte ich, »ich nehm's nur zum Brilleputzen«.

Eine schönere Antwort gab aber jüngst Robert de Niro in einem Film. Er sagte: Der beste Grund für diese Tücher sei, dass man sie verleihen könne. »Frauen weinen. Wir haben es für sie dabei. Ein letztes Relikt aus der Zeit des galanten Kavaliers.«

Ein ziemlich verknattertes Rollenbild, zugegeben. Aber eben auch eine Ehrenrettung für ein verkanntes Wäschestück, das bald wieder jeder mit sich herumtragen wird, wenn der letzte Wald abgeholzt ist. Ich habe noch 74 davon.

Neulich ...

... beim Wasserlassen

Liebe Berliner Biergärtner, Junggesellenabschieds-Touristen, Hofbräuhausler und alle anderen! Ihr habt es schwer, ich weiß. Da trinkt man einen Liter Bier und dann noch einen. Und dann drückt's plötzlich gewaltig. Man hat das Gefühl, mehr will raus, als zuvor reingekommen ist. Nach dem Motto: »Berliner Biere – trinkste eins, schiffste viere!«

Bei der Erledigung dieser Sache könnt ihr voll und ganz auf die Nachsicht der Berliner rechnen. Nichts wird passieren, egal, wo ihr euch hinstellt – ob an den nächsten Straßenbaum, die Ecke am S-Bahnhof oder freihändig an eine Hauswand.

Höchstens, dass mal ein Berliner vorbeiradelt und munter ruft: »Schmeiß weg! Is undicht.« Berliner Humor halt!

Berlin gehört auch nicht zu den irrsinnigen Weltgegenden, in denen Polizisten kommen und Leute, bloß weil sie auf der Kreuzung ihr Bier loswerden wollen, als Entblößer festnehmen. Wenn ein paar Damen auf der Parkbank einen Coffee to go trinken wollen, macht es überhaupt nichts, wenn man sich mit seinem Kumpel vier Meter davon entfernt an einen Baum stellt und das alte Kindergartenspiel »Ich kann weiter als du« zelebriert. Erst neulich habe ich es wieder gesehen. Die Damen waren sehr angetan.

Sie wären es sicher auch gewesen angesichts dreier Union-Fans, die sich nicht weit weg von unserem Haus ihres Dranges durch einen Zaun entledigten – direkt auf den Kinderspielplatz.

Man könnte sicher in der Stadt ein paar mehr Toilettenhäuschen aufstellen und sie etwas billiger machen als jene Edelstationen, die »Mc Clean« oder »Sanifair« heißen. Manchmal sehnt man sich fast nach den historischen Berliner Urinalen zurück, die überall standen und »Café Achteck« hießen. Aber das wäre viel zu einfach. Denn es geht hier um ein Alleinstellungsmerkmal Berlins. Freier Fluss für freie Bürger!

Der Senat könnte ruhig die berühmte »Be-Berlin-Kampagne« fortsetzen und dichten: »Be voll. Be Hauswand. Pee Berlin!« Ja, das Wörtchen Pee bedeutet auf Englisch genau das, wonach es klingt. Der Spruch würde sicher um die Welt gehen und noch mehr Pee-Gäste dazu anregen, sich zur Wochenendtour nach Berlin einzuschiffen.

Neulich ...

... an der Eisbude

Bei uns um die Ecke hat eine neue kleine Eisbude aufgemacht. Also denke ich: Gehste nach der Arbeit mal vorbei und holst dir ein Kügelchen! Ich stelle mich also vor den Tresen, gucke auf die Behälter mit den vielen Eissorten. Nimmste mal Vanille, denke ich mir. Das nehme ich eigentlich immer. An der Rückwand der Bude ist eine Tür. Sie steht offen. Die Eisverkäuferin ist gerade intensiv ins Gespräch mit der Nachbarin vom Gemüsestand vertieft und bemerkt mich nicht. Ich höre nur Fetzen: » ... det gloobste nich ... een Idiot saar ick dir ... kannste een druff lassen ...«. Es geht um Geschäfts- oder um Beziehungsprobleme.

Ich hüstle und suche schon mal das Geld für die Kugel zusammen. Die Eisverkäuferin – braun gebrannt, schwarze Haare – kommt rein. Aber nur, weil gerade das Telefon klingelt. Sie nimmt es, hält's ans Ohr und sagt: »Moment mal, mein Chef!« Die Information sollte wohl mir gelten. Eigentlich könnte sie zwischendurch kurz meine Kugel fertigmachen. Aber sie denkt nicht dran, sondern beginnt ein längeres Gespräch, ohne mich auch nur einmal anzusehen, obwohl ich lächelnd um ihre Aufmerksamkeit buhle. Nur ein Kügelchen! Ein einziges, winziges! Aber sie starrt hoch, zur hölzernen Budendecke.

Der Chef textet sie offenbar zu. Es geht um eine kleine Inventur. Sie guckt auf ihre Eisbehälter und redet: »Nee. Ja. Haselnuss is noch, Pisstaatzje ooch. Wanülle, hamwa noch. Und Schoko, nee, muss ma gucken. Vielleicht hinten noch. Hümmelblau, jeht

jut. Muss ick uff jeden Fall nachbestell'n.« Ich lasse mein Klein-
geld leicht genervt in der hohlen Hand springen.

In der Tür erscheint die Nachbarin vom Gemüsestand. Sie
ruft: »Komma kurz!« – »Moment!«, spricht die Eisverkäuferin ins
Handy, legt es ab und geht raus. Der Chef ist offenbar doch nicht
ganz so wichtig. Hinter der Bude tuschelt's und lacht's.

Pöh, denke ich, stecke das Geld in die Tasche und gehe.
Schmier dir dein Eis doch in die Haare! Der Kunde ist im Ser-
vice-Märchenland Berlin der absolute König. Und der kommt
und geht eben, wann er will. Ein paar Euro und Kalorien hat er
damit auch gespart.

Neulich ...

... an der Weiche

Meine Frau und ich sitzen an einem lauen Sommerabend auf
dem Gartengestühl vor einer Kneipe in Alt-Köpenick. Wir trinken Bier und gucken besinnlich. Im Hintergrund glitzert das
Wasser der Dahme.

Alle paar Minuten fährt auf der Straße vor uns eine Straßenbahn vorbei. Wir blicken genau auf eine Weiche, die darüber entscheidet, ob die Bahn auf dem nahen Schlossplatz nach rechts
oder links abbiegt.

Ein Fahrer steigt aus, steckt seine Eisenstange in eine Öff-
nung, ruckelt hin und her und prüft an der Schiene, ob alles gut
anliegt. Dann steigt er ein und biegt mit der Bahn nach links ab.

Die nächste Bahn kommt. Der Fahrer steigt aus, stellt mit der Stange die Weiche, steigt ein und fährt – auch nach links. Beim nächsten ebenso: Weichenstellen und Abbiegen – wieder nach links!

»Is doch Quatsch«, sagt ein Mann, der neben uns sitzt. »Wenn sowieso alle nach links fahr'n, brauchen die doch nicht jedetmal die Weiche umstell'n.« – »Vielleicht verschiebt sich die Weiche durch die Erschütterung der Schienen immer wieder«, sage ich. »Hier ist ja alles auf Sumpf gebaut.« Meine Frau denkt nach.

Derweil kommt die nächste Bahn. Sie bremst gar nicht erst ab, brettert über die Weiche und fährt – nach rechts. Eine weitere Bahn tut es ebenso. Danach kommen wieder zwei Bahnen, die nach links abbiegen. Jedes Mal müssen die Fahrer vorher die Weichen-Prozedur vornehmen. »Ick vasteh jar nüscht mehr«, sagt der Mann neben uns.

Meine Frau und ich diskutieren. Wir haben ja hier eine richtig schöne kleine Straßenbahn-Versuchsreihe vor uns. Und die Gesetze der Logik lassen am Ende nur einen Schluss zu: Die Weiche steht immer auf Rechts! Wenn ein Fahrer sie verstellt, um mit seiner Bahn nach links abzubiegen, springt sie danach automatisch zurück. Deshalb kann jeder Fahrer einer Rechts-Bahn locker drüberbrettern. Der arme Fahrer einer Links-Bahn muss dagegen jedes Mal aussteigen, mit der Stange herumstochern und kann dann erst weiterfahren. Das ist doch ungerecht!

Ich fordere einen Linksfahrerzuschlag. Darauf noch ein Bier!

Neulich ...

... beim verbalen Schlagabtausch

Dieser Tage stritten sich zwei ältere Typen in einer Ecke am Bahnhof. Ich machte einen großen Bogen um sie, hörte aber noch den verbalen Schlagabtausch. Der eine drohte dem anderen: »Kriegst glei' wat uff de Fresse, du Idiot!« Das Wort »Fresse« fiel andauernd. Und ich dachte: Warum so grob und eintönig? Was ist aus der schönen alten Berliner Streitkultur geworden?

Das Berlinische an sich wimmelt nämlich von fantasievollen, zärtlichen Gewaltandrohungen. Das hat mit der intimen Rauheit der früheren Industriestadt und ihrer Massenquartiere zu tun. Manches ist davon bis heute geblieben. Generell gilt: Der echte Berliner »kloppt sich« selten wirklich. Er belässt es meist bei Drohungen. Aber welch einen Ausdrucksreichtum er dafür hat!

Man wird in Berlin vasohlt, vakloppt, vawimst, vadroschen, vamöbelt, uffjemischt. Man wird rund wie'n Buslenka jemacht oder fliecht achtkantig raus. Man kriecht 'n Satz heiße Ohr'n, 'ne Abreibung, Keile, Senge oder Bettschwere. Manchmal ooch 'n Katzenkopp, dit Jackstück volljehaun, eene jeschallt, jeballt, jeklatscht, vapasst, rinjewürcht, übajebraten, injeschonken. Et jibt wat vor'n Latz, uff de Zwölf, uff'n Deez, uff de Omme, hinta de Löffel, an'n Ballong, uff de Mütze.

»Ej, Sparjeltarzan, dir hau ick aus de Latschen«, ruft man oder: »Wasch da de Brust, du wirst erschoss'n« – was eher liebenswürdig gemeint ist, wenn einer »wat ausjefressen« hat. Wenn es ernster wird, droht man: »Leck ma de Bollen!« oder »Vafatz da!«

Kein Wunder, der Berliner ist umgeben von Leuten, die er Feifenheini, Flitzpiepe, olle Zanktippe, Dussel, Blödmann, Rabenaas, Fatzke, falscher Fuffzijer, Pissnelke oder Spinatwachtel nennt. Er mag es überhaupt nicht, wenn man ihn vollmotzt, anranzt, anblafft, vakohlt, anmeiert, anflaumt, verarscht, vakackeiert oder vahohnepiepelt.

Da kennt er nix. Und wenn er selbst nicht mutig genug ist, sich zu wehren, dann ruft er schon als Kind: »Eh, ick hol glei meene Keule, die zeigt dir, wie stark ick bin!« Gemeint ist der große Bruder. Wer sonst? Man kann auch Atze sagen. So wie das bezopfte Mädchen, das ich als Zwölfjähriger mal etwas zu lange angestarrt hatte.

Neulich ...

... im Zirkus

Ein Zirkus hat Station gemacht – gleich bei uns um die Ecke. Ich blicke auf das Zelt, die roten Wagen mit der Aufschrift »Circus Magic«. Neben dem Zaun grast ein Kamel. Die Luft riecht nach Manege.

Das erinnert mich an meine Kindheit, in der der Zirkus das Größte war. Oft bekam man keinen Platz mehr, wenn »Aeros«, »Berolina« oder »Busch« gastierten. Doch das ist lange her. Mein letzter Zirkusbesuch vor einigen Jahren war eine Enttäuschung – das Zelt klein, die Kostüme fadenscheinig, der Clown peinlich. Ich saß in der ersten Reihe. Das Gesabber eines Kamels traf mich ins Gesicht.

Deshalb zog mich auch nichts in den »Circus Magic«. Aber ich las im Internet, dass er von einer »Zirkusfamilie wie in alten Zeiten« betrieben wird. Zu ihr gehören zwei Erwachsene und vier Kinder. In letzter Zeit hatten sie nicht viel Glück. Im kalten Winter 2010 saßen sie mit Zelt und Tieren ewig am Moritzplatz fest. Vor einem Jahr raubte man ihnen die Kasse mit 9 500 Euro, mitten in der Show. Ich dachte: Die können jeden Besucher brauchen, und ging hin.

Etwa 70 Leute saßen im Zelt, die Hälfte davon Vorschulkinder. Schon als die Scheinwerfer angingen, gab es ein großes »Oooh!« Wo erlebt man so was noch? Dann sah man die üblichen Nummern: Akrobatik, Jonglage, Dressuren mit Ponys, Kamelen, Highland-Rindern, einem Lama. Im Internet-Zeitalter ist das sicher nichts Besonderes. Dennoch ließ sich das Publikum mitreißen. Und ich mich auch.

Denn man konnte sehen: Hier hatte eine Familie Spaß beim Auftritt, trotz aller Rückschläge, die sie erlebte. Nichts wirkte zerschlissen oder abgewrackt. Der eigentliche Star war die Jüngste, die etwa neunjährige Anjali. Sie turnte am Trapez, jonglierte mit Reifen und spielte den Clown.

Zugegeben, auch ich neige zum Urteil aller Älterwerdenden: »Allet schon tausendmal jesehn!« Sind die Dinge nicht sensationell, schaut man oft nicht mehr hin. Doch man sollte auch immer mal wieder tun, was der Mensch Jahrtausende lang gemacht hat: im Kreis sitzen und sich amüsieren, wenn jemand etwas Schönes vorführt. Einen Bildschirm braucht's dafür nicht. Alles Gute, Familie Endres!

Neulich ...

... im Sanitätshaus

Bei uns um die Ecke hat ein neues Sanitätshaus aufgemacht. Dabei gibt es nicht weit davon bereits eins – und dazu noch fünf Apotheken, verteilt auf einem Kilometer. Die gesundheitliche Rundumversorgung ist also gesichert. Der Laden bietet alles: Gehhilfen, Spezialschuhe, Bandagen, Prothesen, Rollstühle, Wohlfühlwäsche, Kompressionsstrümpfe in allen Farben und so weiter.

Solch ein Geschäft hätte es mal geben müssen, als ich im Sommer 1970 mit meinem Roller auf unserer Nebenstraße stürzte und über den körnigen Asphaltsplitt rutschte. Das ganze Knie riss auf.

Mein Vater blieb trotz aller Aufregung gefasst. Er säuberte notdürftig die Wunde, wickelte einen Verband darum, setzte mich auf sein Fahrrad und schob mich bis zu unserem Hausarzt. Ich war acht Jahre alt. Der Arzt popelte mit der Pinzette die Steinchen aus der Wunde, desinfizierte sie und sagte: »Da könn 'wa nüscht nähen. Wir müssen klammern!« Dies tat er auch sogleich. Mein Vater hielt mich fest, während ich mich vor Schmerzen wand.

»Ham se 'n Brett?«, fragte der Arzt plötzlich. »Was?«, entgegnete mein Vater. »Na ham se zu Hause 'n Brett im Keller?« Mein Vater bejahte. Der Arzt erklärte ihm, auf welche Länge er das Brett zurechtsägen sollte, um das Bein zu schienen, damit die Wunde nicht wieder aufriss. Und ich solle jeden zweiten Tag ins Krankenhaus zur Behandlung fahren.

Da wir kein Auto hatten und es auch kein modernes Sanitätshaus gab, um einen Rollstuhl zu borgen, holten meine Eltern den alten Sportwagen aus dem Keller, in dem ich als Zweijähriger gesessen hatte. Ich passte kaum noch rein. Mein bandagiertes Brett-Bein ragte hervor wie ein weißes Kanonenrohr. So schob man mich jeden zweiten Tag zum Bus, der uns ins Krankenhaus brachte.

Brett und Kinderwagen – so kann man durchaus überleben. Und auch das tollste Sanitätshaus hätte eine Sache nicht ändern können: dass ich den ganzen warmen Feriensommer über nicht baden gehen durfte. Wie hieß das bei den Nachbarkindern doch gleich? »Mensch, da haste ja urstet Pech!«

Neulich ...

... auf dem Fußweg

»Als Fußjänga biste dit Letzte inne Hackordnung«, sagt mein alter Schulkumpel, der wegen einer Behandlung vorübergehend nicht Auto fahren darf. Er ist einer der Typen, die ihr Auto sogar zum Brötchenholen nutzen. Nun erlebt er die Stadt mal aus anderer Perspektive.

»Mitte Öffentlichen kannste nich mehr fahr'n«, sagt er. »Da haste dit Jefühl, Herzberje hat Ausjang«. Er bezieht sich auf eine alte Psychiatrie-Klinik in Lichtenberg. Von wegen Burka-Debatte: Neulich saß ihm, wie er erzählt, in der S-Bahn ein Mann gegenüber, voll vermummt, aber nicht in Schwarz, sondern in

Violett. Auf dem Schoß hatte er ein PC-Programmiererbuch, auf das er durch seine Augenschlitze starrte. »In echt. Keen Fake!«

Noch schlimmer sei es auf der Straße, sagt er. Er schimpft über Umwege und Fußgängerampeln, über die man es nicht mal als »jedopta Sprinta« schaffe. Und dann die Radfahrer! »Früha hab ick die selba jejaacht. Jetzt jaren die mich. Neulich stand ick anne Bushaltestelle. Da hat mich eena jestreift, dit gloobste nich. Der kam vonne andre Straßenseite rübagefecht, voll im Jejenvakehr, von hinten durch de Brust in't Oore. Hauch des Todes, sare ick dir!«

Inzwischen darf mein alter Schulkumpel wieder Auto fahren. Er drückt »voll uff de Hupe«, wenn jemand nicht schnell genug von der Straße ist, und befindet sich ganz oben in der Hackordnung. Ich dagegen gehe weiter zu Fuß und gucke lieber zwei Mal, ob nicht ein Schatten naht, der mich streifen will.

Andererseits: Wenn ich so an der Kreuzung in Mitte stehe, dann kann ich oft nicht umhin, auch heiteren Herzens auf die vielen Radler zu blicken. Einerseits sehe ich, wie irre sich manche benehmen. Andererseits kann ich verstehen, was ein Freund mal auf Facebook schrieb: Wie kommt es, dass man Frauen, die auf Fahrrädern an einem vorbeifahren, sofort heiraten will? Wahrscheinlich ist es die besondere Mischung aus Weiblichkeit und sportlicher Anmut. Oder was auch immer. Das kann mein alter Schulkumpel jedoch leider nicht mehr sehen. Er ist ja wieder im Auto eingesperrt.

Neulich ...

... auf Wanderschaft

Der Berliner ist recht latschfaul. Er wandert nicht gerne. Wohin auch, in seinem platten Urstromtal? Bis zum Horizont und zurück? Für längere Strecken nimmt er gerne das Fahrrad. Schon die berühmte Chansonette Claire Waldoff sang 1931 über eine sonntägliche Radpartie. Zwei junge Männer radeln los, ihre Freundinnen Marie und Mieze auf der Fahrradstange. Die eine ist dünn, die andere »furchtbar dick«. Der Refrain des Liedes beginnt so: »Wir fahr'n nach Potsdam, nach Werder, nach Ferch. / Et fragt sich bloß, wie komm' wa mit Miez'n übern Berch.« Der Reifen könnte ja platzen, die Stange brechen. So die Befürchtung.

Zugegeben, das ist keine sehr freundliche Darstellung von Miez'n. Es zeigt aber eins: dass der Berliner auch noch den kleinsten Hügel der Umgebung als »Berch« bezeichnet. Den Begriff des Wanderns nutzt er übrigens im Gegensatz zu anderen Völkerschaften konsequent ohne Bezug zu Berg und Wald. Da heißt es: »Du wanderst glei' in dein Zimma, Freundchen!« – »Maxe is letztet Jahr in Knast abjewandert.« – »Ick bin die janze Nacht rumjewandert und war hellwach.«

Für mich war der Begriff des Wanderns dagegen schon in der Kindheit positiv besetzt. Untypisch für einen Berliner. Das lag an dem Lied »Ich wand're ja so gerne am Rennsteig durch das Land«, das meine Oma manchmal sang, die aus dem Thüringer Wald stammte. Ich fand es lustig, konnte aber die Begriffe Rennsteig und Rinnstein nicht auseinanderhalten. Ich wunderte mich, dass Leute offenbar gerne am Straßenrand entlanghumpelten.

Vor zwei Wochen war ich nun das erste Mal selbst am Rennsteig. Ich wanderte hundert Kilometer durch den Wald und über Berge und war fasziniert, dass es noch Gegenden gibt, in denen man nichts hört außer Vogelgezwitscher und Waldesrauschen.

Hinzu kommt der Gesundheitseffekt. Wenn jeder Mensch nur vier Kilometer am Tag wandert, schafft er in 70 Jahren 102 200 Kilometer. Also eine zweieinhalbfache Erdumrundung. Und dabei kriegt er noch stramme Waden und ein gesundes Herz.

Vier Kilometer – das sind bei mir zu Hause in Köpenick zwei Mal die Bahnhofstraße rauf und runter. Und zwar immer am Rinnstein entlang.

Neulich ...

... auf Marottenschau

Ich bin nicht der Erste, dem es auffällt. Plötzlich sind überall in der Stadt Leute zu sehen, die ihre Smartphones beim Sprechen wie ein Pizzastück vor die Nase halten, als wollten sie gleich reinbeißen. Vielleicht entspricht diese Geste ja eher dem Charakter des modernen Handys als die alte Telefonierhaltung mit dem Gerät am Ohr. Man kann leiser sprechen und dabei aufs Display schauen. Wer weiß.

Dennoch sagt mancher: »Sieht ja affig aus« – »Ne janz neue Marotte« – »Firlefanz«. Dabei hat Berlin lange Erfahrung mit wechselnden habituellen Moden, wie ich's mal nennen will.

Schauen wir mehr als hundert Jahre zurück. Damals zwirbelten Herren ihre Kaiser-Wilhelm-Schnurrbartspitzen und griffen alle fünf Minuten zur Schnupftabaksdose. Frauen blickten durch seltsame Stielbrillen, Lorgnettes genannt.

Vor fünfzig Jahren schleppte man Transistorradios rum, als seien sie am Arm angewachsen. In den 70er-Jahren steckte man sich große bunte Plastik-Stielkämme in die Hintertaschen. Erwachsene Männer liefen mit Handgelenktäschchen umher. Später schob man sich die Sonnenbrille auf die Stirn und die Zigarette hinters Ohr, verknotete den Pullover vor der Brust, kaute auf Zahnstochern oder Streichhölzern herum, Verwegenheit demonstrierend. Besonders intellektuell wirkte, wer Brillenbügel in Mundwinkel steckte oder das Kinn auf gespreizte Finger stütze.

Eines Tages liefen Business-Superhelden mit ersten Handys umher – fast ein Kilo schwer, mit Dutzenden Knöpfen. Wichtig war, dass man laut und geschäftig hinein brüllte. Und irgendwann rannten junge Leute Tag und Nacht mit riesigen Wasserflaschen in der Hand durch die Stadt, als befänden sie sich in der Wüste. Mädchen führten Minihunde spazieren und ließen Handtaschen an kapriziös angewinkelten Armen baumeln. An Freitagabenden durfte man nur in die S-Bahn einsteigen, wenn man die obligatorische Flasche Wegebier vorweisen konnte.

Morgen wird dann wieder was ganz anderes kommen. Vielleicht rennen plötzlich alle mit hochklappbaren Donald-Trump-Frisuren herum oder ziehen ihr Handy an der Leine hinter sich her. Jeder hat die Chance, eine neue alberne Mode zu kreieren. Viel Spaß dabei!

Neulich ...

... beim Besuch eines Lesers

Ab wann gilt man als echter Berliner? Wenn man »Schrippe«, »Lampingjong« oder »Eierkuchen« sagt? Wenn man »mir« und »mich« verwechselt? Ich glaube, wenn man so etwas voraussetzt, werden die echten Berliner bald aussterben.

Denn in Wahrheit ist es doch so: Jeder, der nach Berlin zieht, wird eines Tages ein echter Berliner. Oder seine Nachfahren. Fast jeder, der hier lebt, stammt nämlich von Leuten ab, die einmal von woanders kamen. Wenn man Glück hat, ist das ganz lange her. Kaum einer wird jedoch noch wissen, ob sein Vorfahre einst ein slawischer Sprewane war, ein rheinischer Kaufmann, ein Brandenburger Bauer oder ein pfälzischer Kolonist. Bei den Hugenotten geht's noch. Da ist oft noch der Name erhalten.

Neulich besuchte mich ein 91-jähriger Leser. Der konnte seine Berliner Vorfahren bis 1754 zurückverfolgen. Sie kamen über Sachsen nach Berlin und wohnten in »Neu-Vogtland«, einer Handwerkerkolonie in der Gegend des heutigen Rosenthaler Platzes. Der alte Fritz hatte sie hergeholt. Der Leser erzählte weiter, dass seine Urgroßmutter 1871 bei einer großen Pockenepidemie gestorben sei, der 11 000 Berliner zum Opfer gefallen sein sollen. So weit kann wohl kaum einer zurückgucken. Bei den meisten heutigen Berlinern sind es wohl höchstens ein paar Jahrzehnte.

Vor gut hundert Jahren wuchs die Stadt explosionsartig und zog Tausende Leute von außerhalb an. Sie kamen aus Breslau, Posen, Brandenburg, Sachsen oder Thüringen. Darunter viele junge Mädchen, die »in Stellung« gingen, also als Dienstmädchen bei irgendwelchen Herrschaften arbeiteten. So auch meine Oma, die in den 20er-Jahren aus dem thüringischen Heldrungen kam. Sie konnte auch nach 50 Jahren in Berlin noch kein Wort berlinern. Und ihr leckerstes Gericht waren Thüringer Klöße.

Ich frage mich, warum heute überhaupt noch Leute berlinern – obwohl doch über Jahrhunderte der Strom der Zuzügler mit buntesten Mundarten nicht abriss. Neulich fragte jemand bei Facebook: »Wie nennt ihr diesen Teil des Brotes?« Abgebildet war das, was man in Berlin Kanten nennt. Es kamen fast 30 verschiedene Begriffe zusammen, darunter: Ränftl, Knust, Scherzl, Knietzchen, Bugl, Remmel, Knörzje und Knäuschen. So bunt ist die Sprache all der Menschen, die nach Berlin kommen.

Aber es muss doch irgendwo ein Nest geben, aus denen immer wieder Leute hervorklettern und blubbern: »Dit is'n Brotkanten, du Voorel, und keen Knietzchen!« Oder die knurrige Dinge äußern wie: »Der Typ, der die Arbeet erfunden hat, der muss nischt ze tun jehabt ham« oder »Jib nich so an wie 'ne Lore Affen!« oder »Lieba Jott, lass Ahmt wer'n, wenn't jeht noch vor'm Frühstick!« oder »Uns kann keena. Aber uns könn' se alle mal!« Das Berlinische ist eben nicht nur ein Dialekt – genauer: ein sogenannter Metrolekt –, sondern auch eine Weltanschauung. Anderenfalls wäre es wirklich längst verschwunden.

Ich weiß, man kann auch ein echter Berliner sein, wenn man Scherzl oder Knörzje sagt. Aber wenn ich ganz genau überlege: Nee, oder?

Neulich ...

... bei den Verschwörern

Gestern bin ich beim Internet-Surfen zufällig auf die Aussagen eines sogenannten Flacherdlers gestoßen. Das sind Leute, die glauben, dass die Erde eine Scheibe sei. Die Krümmung des Horizonts werde nur durch den Fisheye-Effekt der Augenlinsen hervorgerufen, sagen sie. Die Bilder aus dem All seien alle gefälscht. Hinter dem Betrug mit der sogenannten Erdkugel stünden finstere Mächte, die die Menschheit in Unwissenheit halten und letztlich vernichten wollten. In diesem Fall seien es reptilartige Wesen in Menschengestalt, Reptiloiden genannt.

»Spinn weiter, der Faden is jut!« sagt der Berliner, wenn er solch einen Blödsinn hört. Oder auch: »Der Quatsch wir immer quätscher, bis er quietscht.« Aber offenbar gibt es in unserem aufgeklärten Lande genügend Leute, die an solche kruden Verschwörungstheorien glauben.

Auch über Berlin kursieren interessante Dinge. Man erfährt etwa, warum der neue Flughafen ewig nicht fertig wird. Putin ist Schuld. Der erteilt nämlich keine Freigabe dafür, weil Schönefeld noch immer in der sowjetischen Besatzungszone liegt. Wow, Geschichte verschlafen! Sechs, setzen! Einer anderen Version zufolge ist der Flughafen eine Tarnung für einen riesigen unterirdischen Bunker mit Startbahn.

Berlin ist übrigens auch der Sitz des Satans. Warum? Weil die Bibel einst den Thron Satans in der Stadt Pergamon verortete. Ganz klar. Und als der Pergamonaltar dann vor mehr als hundert Jahren nach Berlin kam, wanderte auch das Böse an die Spree.

151

Damit erklärt sich natürlich das ganze Unglück des vergangenen Jahrhunderts.

Ich habe übrigens selbst auch etwas rausgefunden. Der Fernsehturm ist gar kein Turm, sondern eine getarnte Rakete, gebaut von den Reptiloiden, die vor langer Zeit die Nasa erobert haben. Eines Tages wollen sie damit ins All abhauen und die Menschen auf ihrer Scheibe in ihrem Unglück zurücklassen. Man muss nur mal auf Youtube »Nasa steals Berlin TV Tower« eingeben, dann sieht man, wie das Ding startet. Nur so als Vorgeschmack. Damit am Ende niemand sagt, er habe nichts gewusst.

Neulich ...

... bei den Brillenschlangen

»Die ham jetz' die Brille uff«, sagt mein alter Schulkumpel und meint die Amerikaner, nachdem sie den egozentrischen, politisch ahnungslosen Donald Trump zum Präsidenten gewählt haben. Die »Brille uff« zu haben, bedeutet in der Sprache des Berliners, dass man in der Tinte sitzt, in eine blöde Situation geraten ist – wobei »uff« besonders betont wird.

Ich denke mir: Was hat eigentlich die arme Brille verbrochen, dass sie in einem solchen Spruch landen musste? Obwohl: Als ich 1974 meine erste Brille bekam, war ich auch nicht sehr glücklich. Ich kannte die Sprüche, mit denen nette Altersgefährten »Brillenschlangen« bedachten: »Eh, wat guckst'n durchs Fensta? Komm doch rin!« Oder, mit Blick auf mögliche Partnerinnen:

»Mein letzter Wille: 'ne Olle mit Brille!« Sonnenbrillen waren okay. Auch eine John-Lennon-Brille wirkte ganz cool. Aber an die kam nicht jeder ran. Und da passten auch nicht alle Gläser rein.

Seitdem hat sich viel getan. Hightech-Kunststoffgläser und moderne Gestelle haben das Image der Brille nach oben schießen lassen. Ein Gang über die Warschauer Brücke zeigte mir: Etwa jeder Fünfte bis Siebte trägt eine Brille. Meine heimliche Durchmusterung eines S-Bahnwaggons ergab sogar, dass jeder Dritte eine Brille trug. Gewiss lag dies daran, dass hier die Altersmischung etwas anders war als auf der Warschauer Brücke.

Brillenwerbung hat längst mehr mit Mode als mit Sehhilfe zu tun. Hübsche blasse Models tragen heute riesige Nerdbrillen mit schwarzem Rahmen, wie wir sie früher nie aufgesetzt hätten.

Apropos Werbung: Eine 1869 gegründete Berliner Augenoptikerkette warb einst mit dem Spruch: »Sind's die Augen, geh zu Ruhnke!« Daraus entstand ein Vers, der sehr populär wurde, verknüpfte er doch die Brillenwerbung mit dem Angebot des Alkohol-Fabrikanten Mampe:

»Sind's die Augen, jeh' zu Mampe,

jieß' dir eenen uff de Lampe,

kannste allet doppelt sehn,

brauchste nich zu Ruhnke jehn.«

Und hast demzufolge ooch nich die Brille uff.

Neulich ...

... bei der Feuerwehr

Vor ein paar Tagen besuchte ich einen Bekannten in Müggelheim, weit im Südosten Berlins. Auf dem Weg sah ich an der Feuerwache am Dorfanger ein Transparent hängen. Drauf stand: »Wir retten Berlin. Seit 1851.« Darunter kleiner: »Berliner Feuerwehr.«

Aha, dachte ich und sah sie gleich vor mir, die Feuerwehr in Müggelheim vor 165 Jahren: Die Männer sitzen in der Bude, rauchen Pfeife. Plötzlich ruft's aus der Ferne: »Hilfe, rette mich!« Es ist Berlin, das da ruft, weil dummerweise der Zirkus Renz an der Friedrichstraße nach einer Gasverpuffung in Brand geraten ist, wie 1853 tatsächlich geschehen.

Die Müggelheimer spannen die Pferde an und rasen los. Sind ja nur 25 Kilometer nach Berlin. Wildschweine und Rehe springen panisch beiseite. Kinder hopsen umher und singen: »Oh, Tannebaum, Oh Tannebaum, / der Opa hängt im Jartenzaun. / Die Oma ruft die Feuerwehr. / Die Feuerwehr kommt nackich her.« Nach ein paar Stunden sind die Müggelheimer endlich da. Die Pferde fallen tot um, die Schläuche werden ausgerollt. Leider ist kein Zirkus mehr zu sehen. Nur Rauch.

Die Geschichte klingt dramatisch. Doch hätte sie auch so stattfinden können? Kaum. Denn als 1851 die Berliner Feuerwehr gegründet wurde, gehörten die Müggelheimer garantiert nicht dazu. Das Dorf wurde erst 1920 eingemeindet. Und der königliche Brandmeister Ludwig Scabell in Berlin hätte auch nie Hilfe aus Müggelheim rufen können. Womit auch? Mit Brieftauben, einem Höhenfeuerwerk? Telefonleitungen zwischen den Feuerwachen gab's erst ab 1894.

Aber die Müggelheimer sind heute trotzdem stolz. Sie sehen sich eben in der langen Tradition der Berliner Feuerwehr, zu der sie seit einer ganzen Weile gehören. Recht so.

Bei jenem Brand des Zirkus Renz 1853 übrigens hatte die Berliner Feuerwehr gerade noch die Zirkuspferde retten können. Alles andere ging verloren. Der erste Feuerwehrmann – namens Gundlach – kam ums Leben.

Ach, es wäre eine so schöne Geschichte gewesen, hätten ihn die Helden aus Müggelheim im letzten Moment noch retten können.

Neulich ...

... auf dem Mond (2)

»Nee, Quatsch jetzt, in echt?«, fragte mich mein alter Schulkumpel, als ich jüngst davon erzählte, dass eine junge Firma in Berlin eine Reise zum Mond vorbereitet. Ja, es stimmt wirklich. Vielleicht sind die jungen Techniker aus Mahlsdorf bald die ersten Europäer, die eine Landefähre mit Rover auf den Mond bringen.

Ich finde das gar nicht verwunderlich. Denn der Mond und Berlin hatten schon immer eine intime Beziehung. Paul Lincke schrieb hier einst die Erfolgs-Operette »Frau Luna«. Im benachbarten Babelsberg wurde der Film »Frau im Mond« gedreht. Auch in der Sprache ist der Erdtrabant stets präsent: »Ick schieß' da uff'n Mond!« – »Wat grinst'n wie'n Vollmond, du Heini?« – »Du kannst mir mal im Mondschein bejegnen!« – »Punkt, Punkt, Komma, Strich, / fertich ist det Mondjesicht. / Een Pfund Keese, een Pfund Butta, / fertich is die Schwiejamutta.«

Ich nehme sogar an, dass Berlin bald von der Nasa gebeten wird, den Bau einer Mondstation zu übernehmen. Ach, was heißt Mondstation? Eine Stadt soll es werden, ein zweites Berlin, genannt Berluna.

Zuerst wird der jämmerlich gescheiterte Ex-Flughafenchef Hartmut Mehdorn auf den Mond geschossen – als Garant für den Erfolg! Ein paar Bautrupps fliegen hinterher. Und los geht's. Es wird gebaut, gebaut und gebaut. Am Ende verzögert sich die Fertigstellung leider ein kleines bisschen. Zunächst um zehn Jahre. Denn man hat zwar an alles gedacht – sogar an einen Stall fürs Mondkalb und eine Suite für Mehdorn und Frau Luna. Aber leider nicht an die Sauerstoffversorgung der Mondhäuser. Die Tanks werden nachträglich reingequetscht. Dafür verringert sich der Platz in den Mannschaftskojen. Die Betten werden senkrecht an die Wände gestellt. Die Mondanziehungskraft ist eh nicht so hoch. Leider entdeckt man dann auch noch, dass die Eingangstür der Station für Leute mit Raumanzügen zu klein ist.

»Sorry, Nasa«, näselt der Chefarchitekt. »Dann baun wa halt 'n Zelt zum Umziehn davor. Die paar Schritte kann man ooch im Hemde jeh'n. Dit bissken Mondstaub!«

Sei mondsüchtig, sei verpeilt, sei Berluna!

Neulich ...

... beim Altentreff

Zwei Leser verabschiedeten sich jüngst bei mir in einer Mail mit dem Gruß: »Ihre xy, Friedhofsgemüse aus Lichtenberg«. Dieser selbstironische Berliner Begriff sollte wohl sanft umschreiben, dass sie bereits etwas älter waren.

Ja, so ist er, der Berliner. Er kokettiert munter mit dem Thema Altwerden und Vergänglichkeit. Aber eigentlich hat er kaum Zeit, wirklich über das Alter nachzudenken. Wenn es ihn dann irgendwann selbst erwischt, versucht er es mit großer Klappe zu vertreiben. »Ej, du wirst ja ooch imma jünga«, ruft er, wenn er zufällig seiner alten Jugendfreundin begegnet, »oder biste nur richtich einbalsamiert?« – Die Antwort folgt prompt: »Haste wat jesacht oder haste mit'm Jebiss jeklappert?«

Dann lacht man, umarmt sich und steht gemeinsam herum – am besten als Passanten-Hindernis mitten auf dem Fußweg oder vor irgendeinem Eingang –, um ausgiebig und genüsslich zu klagen: Mit einem sei »ooch nüscht mehr los«, man sei nur noch »'n ollet Wrack«, liege da »wie 'ne Padde«, fühle sich »janz brejenklütrig« (verwirrt im Kopf) und habe bestimmt »Altersheimer«.

Man pflegt Dialoge der Art: »Wie jeht's?« – »Danke, am liebsten jut.« Oder: »Tut dir wat weh?« – »Ja, aba nur, wenn ick lache.« Oder lässt Sprüche ab, wie: »Die besten Jahre kommen, wenn die juten vorbei sind« oder: »Zehn alte Weiber, elf Krankheeten!«

Einen der ersten Kontakte mit dem Thema Alter hatte ich als Kind, während ich zu Hause spielte und im Radio eine sonntägliche Grußsendung lief. Viele der gegrüßten Herrschaften, die da 70 oder 80 wurden, lebten in einem »Feierabendheim«. Was ist das?, fragte ich mich. Das Wort war sicher nett gemeint. Später aber merkte ich, dass es etwas unglücklich gewählt war. Denn der Feierabend hat in Berlin den ziemlich ruppigen Beiklang, dass nun wirklich »allet zu Ende« ist: »Feierahmt! Dit Bier is alle!« – »Pass uff, Freundchen, wenn de so weitermachst, is' hier gleich Feierahmt!«

Übrigens finde ich »Seniorenresidenz« auch nicht recht passend. Das hört sich an, als sei man im Alter plötzlich zum Fürsten aufgestiegen und residiere in einem Schloss. Obwohl, wenn man die Preise sieht . . ..

Den optimistischsten Spruch, was das Alter betrifft, höre ich immer wieder von meinem alten Schulkumpel: »Man wird alt wie so 'ne Kuh / und lernt immer noch dazu.« Daran sollte man sich halten.

Neulich ...

... beim Umsteigen

Morgendlicher Berufsverkehr am Ostkreuz. Die Masse schiebt sich die Treppe des S-Bahnhofs hinauf – trapp, trapp, schurr, schurr. Man sieht nur Rücken vor sich. Eine junge Frau neben mir sagt zu ihrem Begleiter: »Irgendwie erinnert mich das an Lemminge.« Stimmt, denke ich mir. Oben am Treppenabsatz wird alles in den Abgrund stürzen, auf der nächsten Ebene landen, um dann – tipp, tipp, tipp – wieder die Treppe hochzulaufen . . .

Naja, oder so ähnlich. Ich habe das Lemminge-Computerspiel selbst nie gespielt.

Wer in Berlin lebt, der muss mit Menschenmassen umgehen können. Das bedeutet auch, bestimmte Regeln einzuhalten. Wir hatten mal Bekannte vom Lande bei uns zu Besuch. Die wunderten sich über drei Dinge: a) dass alle Leute überall so schnell laufen, b) dass die Leute wie irre zur S-Bahn rennen, obwohl die nächste Bahn doch in ein paar Minuten kommt, und c) dass man, falls man auf der Rolltreppe die linke Spur versperrt, sofort gelyncht wird. Das war denen alles zu stressig und sie fuhren wieder zurück in ihr Dorf, wo man noch laufen kann, ohne die Lemming-Ordnung einhalten zu müssen. Dafür fährt nur einmal am Tag ein Bus.

Zu den Massen gehören auch Geräusche, und diese folgen ganz eigenen Gesetzen. Eine Schülergruppe auf Klassenfahrt hört sich zum Beispiel an wie ein Spatzenbaum in der Dämmerung. Alle reden wild durcheinander, von Ast zu Ast, jeder mit jedem. Man versteht nichts, und das ist auch gut so.

Es ist übrigens ein Irrtum, dass Massenkrach eine Besonderheit von Jugendlichen, Trink-Touristen, Jungesellinnenabschieds-Gruppen oder Fußballfans ist. Nein, wer mal hörte, was für einen Krach eine Rentnergruppe macht, die sich am Bahnhof zum Ausflug trifft, der weiß: Man bleibt ewig jung und auch ewig laut. Vorausgesetzt, die richtigen Leute sind dabei.

»He, der Hut steht dir jut. Woher hast'n ...« – »... inzwischen wieder aus der Klinik raus.« – »... 'n Rappel jekriegt und die janze Küche ...« – »hab extra'n Beutel einjepackt« – »nee, 'n Infarkt war's nicht« – »hast'n auf der Stulle?« – »... dreimal uff Holz jekloppt...« – »... Schirm vajess'n ...« – »Haha, Kinder, ick muss schon wieder pinkeln ...« Gerade so, wie auf dem Spatzenbaum.

Neulich ...

... beim Bahn-Musical

Vor einigen Tagen sah ich, dass man im Gripstheater immer noch das U-Bahn-Musical »Linie 1« spielt, das 1986 Premiere hatte. Und ich dachte mir: Ist denn das noch zeitgemäß? Müsste man nicht, was den hauptstädtischen Verkehr betrifft, ein ganz neues Musical schreiben, mit dem Titel »Linie 0«? Oder besser: Wir erweitern die Szenerie sogar, lassen das Musical nicht nur in der U-Bahn, sondern im gesamten Berliner Bahnliniennetz spielen und nennen das Stück: »Null-Linien – nix geht mehr!«

Erste Szene: Eine junge Touristin buckelt ihren schweren Koffer die Bahnhofstreppe hinauf. Sie will zum Flughafen. Auf der Bahnsteig-Anzeige steht der Hinweis: »Zugverkehr unregelmäßig«. Die Touristin ist ratlos. Was bedeutet das?, fragt sie sich. Plötzlich kommt ein bunter Chor über den Bahnsteig gehüpft. Er wirkt ein bisschen irre und singt laut:

»Jeden Tag das gleiche

auf dem ollen Gleis,

'ne kaputte Weiche

macht uns längst nicht heiß ...«

Die Touristin fühlt sich herumgewirbelt. Der Chor tanzt ein bisschen mit ihr und schmettert seinen Refrain:

»Stellwerkstörung – was für ein Klang!

Notarzteinsatz – macht uns nicht bang.

Weichenstörung – dauert nicht lang.

Feuerwehreinsatz – Sirenengesang!« (Tanzeinlage.)

Ein halbes Stündchen vergeht, und schon kommt ein Zug angerumpelt. Die inzwischen angewachsene Menge quetscht sich rein. Die Stimmung ist super. Es kommt zu zärtlichen Körperkontakten: »Rückt doch durch, Idioten!« – »Weg da von der Tür!« – »Fort mit deinen Pfoten!« – »Ollet Trampeltier!«

Der Abflugtermin ist bereits recht nah. Die junge Touristin beginnt vor Nervosität zu schwitzen, denn sie muss noch einmal umsteigen. Endlich fährt die Bahn ein, der Anschlusszug steht schon da. Was für ein Wunder! Die junge Frau buckelt ihren schweren Koffer hinüber. Hurra, sie wird es gerade noch rechtzeitig zum Flughafen schaffen!

Plötzlich schlendern zwei Typen auf sie zu und verlangen ihren Fahrausweis. Sie hat zwar einen, aber nicht entwertet. Vergessen! Oh weh! Während sie auf den Bahnsteig abgeführt wird, tanzt der bunte Chor und singt in »Linie-1«-Manier:

»Kontrolletti, Saubermann,

machst dich an Touristen ran,

zockst sie ab und seifst sie ein,

Kontrollettilein!«

Die junge Frau weint. Im Hintergrund hört man derweil zum Trost einen Song aus den 60er-Jahren, interpretiert vom einst bekannten Duo Hauff und Henkler: »S-Bahnfahren, S-Bahnfahren macht Spaaahaaß, / denn auf uns're S-Bahn ist Verlaaahaass …« Das fröhliche Liedchen gibt es wirklich. Man kann es bei Youtube runterladen. Zur großen Erbauung. Auch für unsere Touristen.

Neulich ...

... im Kunststoff-Paradies

Ein Bekannter hat mich nach Erkner eingeladen. Wir kennen uns schon viele Jahre. Irgendwann einmal grübelten wir gemeinsam darüber nach, woher die Formel stammt, mit der der Berliner eine lange Fahrt mit Umwegen beschreibt. »Eh, ick bin vielleicht rumjegurkt. Ick sare nur: Paris, Rom, Erkner.«

Paris und Rom – das kann man noch verstehen. Aber wie kommt Erkner, die kleine Ortschaft vor den Toren Berlins, da hinein?

Als ich in Erkner ankam, empfing mich der Bekannte in einem Vereinsraum. Er gehört zum Verein der Chemiefreunde Erkner, und ich erfuhr von ihm plötzlich Dinge, von denen ich vorher noch nie gehört hatte. Erkner sei einst die »Wiege des Kunststoffzeitalters« gewesen, erzählte er. Der erste industriell erzeugte Kunststoff der Welt sei nicht etwa aus Amerika oder England gekommen, sondern aus Erkner.

Ausgerechnet hier habe der aus Belgien stammende Amerikaner Leo Hendrik Baekeland das von ihm erfundene Bakelit in großem Stil herstellen lassen. Ab 1909 entstand hier der Grundstoff für Millionen Steckdosen, Schalter, Türgriffe, Becher, Toaster, Pouva-Start-Kameras, Radios, Lampen, Nähmaschinen oder Uhren. Ich stellte fest: Das alte Telefon meiner Eltern war aus Bakelit. Ebenso der Rasierapparat meines Opas. Er hat leider den modernen Stromtest nicht bestanden, dem ich ihn unterzog. Er machte »Pöff«, qualmte und war tot. Aber am Bakelit hat's nicht gelegen.

Übrigens: Auch der Grundstoff Duroplast für das Gehäuse des legendären Trabis kam aus Erkner. Wer sich also jetzt im Keller einen eigenen Trabi formen will, für den habe ich die Anleitung besorgt: Man nehme etwa zehn watteartige Baumwollvliese, bestreue sie schichtweise mit Phenolharz-Pulver aus Erkner, bis der Kunststoffanteil etwa 50 Prozent beträgt. Man verdichte das Ganze, schneide das benötigte Gehäusestück zu und presse es unter 165 Grad Celsius zu einem Formteil. Das Schnittmuster und die beheizbare Presse bekommt man sicher auch noch irgendwo.

Mit dem Trabi kann man dann nach Paris oder Rom fahren. Das dauert sicher ein bisschen länger. Aber in Erkner ist man ganz schnell.

Neulich ...

... in der alten Wohngegend

Die alte Wohngegend am Köpenicker Waldrand, in der ich einst aufwuchs, ist endlich saniert. Hell strahlen die Häuserwände, metallen schimmern die Balkonbrüstungen, über ausgebauten Dachgeschosswohnungen leuchten rote Ziegel.

Es war höchste Zeit für diese Sanierung. Denn an dem alten Knäckebrot-Putz, der noch aus den 30er-Jahren stammte, hatten schon meine Kinderhände rumgebröselt. Er wurde nie richtig erneuert und fiel zuletzt in großen Flatschen von den Wänden. Auch an den Dächern wurde kaum etwas gemacht. Noch ein paar Jahre, und die Häuser wären verloren gewesen.

Aber die ganze Sanierung hat auch etwas Melancholisches. Denn mit der letzten bröckligen Hofmauer sind nun auch die letzten Spuren meiner Kindheit verschwunden.

An dieser Mauer hatte ich meinem Freund – aus Versehen – einen Schneidezahn ausgeschossen, mit der Erbsenpistole (Holzlatte, Nagel, Schlüppergummi, Klammer und Erbsen-Munition). Seitdem bin ich Pazifist. Es hätte ja auch ins Auge gehen können.

Ein paar Schritte weiter, auf dem heute nicht mehr vorhandenen Bolzplatz, spielten die Jungen Fußball. Sie schrien: »Eh, dit Tor jüldet nich!«, »Her mit die Pflaume!« oder »Los, rüba, inputten!« – also den Ball ins Tor schießen. Sie schwärmten für englische Mannschaften und nannten mich »Tottenham«.

Wenn sie mal nicht zum Spielen runterkamen, brüllten sie aus dem Fenster: »Muss Pennas machen!« (Hausaufgaben) oder »Hab' Stuma!«. Das war keine Krankheit, sondern bedeutete Stubenarrest, weil man »was ausjefress'n« hatte. »Oben bleiben« zu müssen, das war eine echte Strafe damals. Das kann man sich heute kaum noch vorstellen.

Mitunter zog die ganze Bande durch die Gegend, um irgendwen zu ärgern. Zum Beispiel »Pullertrudchen«, eine alte Frau, die vorlaute Kinder »vollmeckerte«. Eine andere alte Frau hieß »die Kuhbatz'n«. Sie lebte mit unzähligen Katzen in einem bis oben hin vollgemüllten Reihenhaus. Doch was wussten wir wirklich von diesen Frauen? Vielleicht hatten sie im Krieg ihre Männer verloren und waren deshalb vereinsamt und verbittert.

Heute sieht man keine Spuren mehr aus jener Zeit. Alles ist wegsaniert, sauber, glatt und bunt. Ein modernes Legoland-Viertel. Ohne Holzzäune zum Drüberklettern. Ohne Garagen mit Pappdächern zum Draufsitzen. Ohne Teppich-»Kloppstange«

zum »Schweinebaumeln« – also zum Kopfüber-Hängen und Schaukeln. So was braucht man heute nicht mehr. Im Internet-Zeitalter herrscht ja freiwilliger Dauer-»Stuma«.

Neulich ...

... in der Muckibude

Mein alter Schulkumpel und ich treffen uns hin und wieder in unserem Köpenicker Fitness-Studio. Die genaue Bezeichnung unseres Tuns lautet »Medizinische Kräftigungstherapie« und wird mit Hilfe von Mucki-Maschinen absolviert, die ein Schweizer mit runder Brille entwickelt hat – ganz in preußisch-spartanischer Manier. Natürlich finden sich hier, wie in allen Studios dieser Art, ganz verschiedene Typen, die mein Kumpel und ich sehr gern analysieren.

»Zunächst is da mal der Puster«, sagt mein Schulkumpel. »Ejal, wann de kommst, er is schon da. Du hörst'n noch aus der allerhintersten Ecke.« Es stimmt, der Puster ist ziemlich kräftig, meist kahlköpfig, legt gigantische Gewichte auf und absolviert seine Übungen unter lautem Schnaufen, Fauchen und Zischen: »Pfff« – »Tsss« – »Pfff« – »Tsss«, so dass man selbst ganz aus dem Rhythmus kommt. »Ja, oder der Poser«, sagt mein Kumpel. »Der Typ mit dem knallengen Dress und den Handschuhen, der immer wie so'n Heldendenkmal dasteht.« – »Eng verwandt mit dem Glotzer«, sage ich. »Oh ja, stimmt. Dem fall'n fast de Ooren raus, wenn'n Mädel vorbeijeht.«

165

In diesem Zusammenhang erinnere ich an den »Seltsame-Dinge-Tuer«. Der steht neben den Geräten, krault sich lange am Bart, verdreht seine Arme eigenartig, tänzelt umher, popelt in der Nase. Ein bisschen so, als sei er ganz alleine.

»Am schlimmsten jedoch sind die Quassler!«, sagt mein Schulkumpel. Das sind Nachbarn oder alte Freunde, die sich zufällig im Studio treffen. Sie stehen halb im Gang und reden laut über Vorgartenpflanzen (»Ranunkelsträucher? Wie blüh'n die'n?« – »Na so jelb, etwa wie Forsietzjen«) oder die Bestellung des Caterings fürs Nachbarschaftsfest (»Da könn' wa ja alle zusamm'lejen.« – »Aba lieba nischt Asiatischet, eher wat deftjet, mit ville Fleesch!«)

Ich frage mich natürlich, unter welchen Typ heimliche Beobachter meinen Schulkumpel und mich einordnen würden: »die Finsterlinge vom Rückenstrecker« oder »die heimlichen Lästerschwestern«? Ich möchte es lieber nicht wissen.

Neulich ...

... vor der Protzanlage

An einer Wohnanlage in Berlin-Mitte, die sich ganz vornehm »Residence« nennt, habe ich ein Schild entdeckt. Darauf steht: »Privateigentum. Betreten und Hausieren verboten.« Oh, dachte ich sofort: Da hat sich jemand den ollen Zille ganz genau angeguckt, mit seinen Bildern aus dem Berlin von vor hundert Jahren. Damals hingen an vielen Häusern und Höfen die Schilder »Betteln und Hausieren verboten«.

Aber weiß überhaupt noch jemand, was Hausieren bedeutet? Ich stelle mir lebhaft den Dialog zweier angetrunkener Berliner vor, die durch Mitte torkeln. »Eh, Alta, ick gloob, wir ham uns valoofen. Echt tot hier.« – »Kiek ma, dit Schild. Wat is'n dit, Hausieren?« – »Weeß ick nich, is mir ooch Rille!« – »Ick gloobe, da dürfste nich an de Hauswand pinkeln.« – »Ejal, jeh weg, ick muss jetz' mal.«

Hausieren ist ein Begriff von anno Pickelhaube für das Tätigen von Haustürgeschäften. Im alten Berlin zogen viele Leute von Tür zu Tür: Scherenschleifer, Kesselflicker, Kurzwarenhändler, die »Knöppe und Jarn« vertickten, Kolporteure, die Zeitschriften oder Bücher verkauften.

Wer Begriffe wie Hausieren an heutige Edel-Häuserwände schreibt, der scheint eine unbändige Sehnsucht danach zu haben, das wilhelminische Berlin des frühen 20. Jahrhunderts wiederzuerwecken, als sei dies wirklich eine gute alte Zeit gewesen. Für diese Sehnsucht steht ja auch der Stadtschloss-Neubau. Als Pendant müssten jetzt nur noch ein paar enge, lichtlose, feuchte Mietskasernen her – mit Außenklo. Wo man richtig schön hausieren kann.

Und überall gehören natürlich ganz viele nostalgisch-lustige Emailleschilder hin. Im Internet fand ich etwa: »Irrenanstalt. Betreten auf eigene Gefahr!« Ich wüsste schon, wo ich's hinhängen würde.

In Wien, der Heimatstadt der Nostalgie, entdeckte ich einmal in einer engen Gasse ein Schild von 1912: »Schrittfahren! Schwerfuhrwerkskutscher haben die Pferde an Zügel zu führen oder eine erwachsene Begleitperson zur Warnung der Fußgänger voranzuschicken.« Das wäre auch mal ein Tipp zur Berliner Verkehrsberuhigung.

Neulich ...

... auf dem Friedhof

Ein Bekannter hatte einen Trauerfall in der Familie. Für die Beisetzung bestellte er einen Grabstrauß und entschied sich für den kurzen, einfachen Schleifenspruch »In liebem Gedenken«. Als er den Strauß vom Blumenladen abholte, erschrak er heftig. Denn auf dem Schleifenband stand: »In lieben Gedenken«. Die Verkäuferin erklärte, dass sie noch mal gründlich nachgedacht habe. Da ja das Wort Gedenken hinten ein »en« habe, müsse es auch »lieben« heißen, also zwei Mal mit »en«. So weit zum Thema Mitdenken.

Mein Bekannter ist Lehrer. Falsches Deutsch kann er nicht zulassen. Also suchte er nach einer Lösung. Das Schleifenband einfach abschneiden? Das sähe blöd aus, wegen des zweiten Schleifenbandes auf der anderen Seite. Den Goldstift der Kinder nehmen und ein drittes Bein ans »n« schreiben? Das sähe man! Am Ende knickte er das Schleifenband an zwei Stellen und klebte es so neu zusammen, dass nur noch »In Gedenken« zu lesen war.

Das klang zugegeben auch nicht sehr schön. So preußisch knapp. So wie einst die kaiserlichen Offiziere in Berlin redeten: »Verwandter jestor'm? Mir leid tun! Gläser erheben! In Jedenken!«

Am Ende fiel der lakonische Schleifenspruch zum Glück nicht sehr auf. Denn mit dem Tod geht der Berliner – wie mit vielen anderen Dingen – ohnehin recht ruppig um. Zumindest verbal. Wahrscheinlich versteckt er dahinter die Furcht vor dem eigenen Ende. »Ran an Sarch und mitjeweent!« lautet zum Beispiel ein alter Spruch, der eigentlich gar nicht in Trauersituationen genutzt wird. Einst sangen die Kinder laut und lustig auf der Straße: »Lott is dot, Lott is dot, Jule liecht im Sterben. / Freu ick mir, freu ick mir, jibt et wat zu erben!« Ein bekanntes Gedicht von Ludwig Hölty klang nach seiner berlinischen Bearbeitung so: »Üb immer Treu und Redlichkeit bis an dein kühles Grab. / Und wenn de wat jestohlen hast, jib mir die Hälfte ab!« Auch der Zustand des seligen Endes selbst wurde recht eigenwillig beschrieben: »Der kiekt sich jetz die Radieschen von unten an« oder: »Der hört jetz die Würmer husten«. Ein Onkel meiner Frau sagte vor dem Friedhofsbesuch gerne: »Ick jeh jetz mal probelie- jen.« Und ein umgedichtetes Volkslied klang folgendermaßen: »Et liecht eene Leiche im Landwehrkanal – / Lang se mir mal her, / Aber knautsch se nich so sehr!«

Ein Pfarrer aus Charlottenburg erzählte mir einmal, dass auch auf dem Friedhof selbst so manche Dinge voller makabrer Situ- ationskomik geschähen. Er gab folgende Geschichte zum Bes- ten: »Beim Herabsenken ins Grab verkantete sich der Sarg und blieb stecken. Die Träger ruckelten und zuckelten. Plötzlich fuhr der Sarg senkrecht in die Grube und blieb so stehen. Betretenes Schweigen rings ums Grab, bis sich eine Stimme aus der Trauer- gemeinde deutlich vernehmen ließ: Jetzt hockta.«

Apropos Fehler bei Sprüchen: Meine über 80-jährige Tante aus Lichtenberg erzählte mir einmal einen typischen Berliner Witz: Kommt ein Mann in den Laden, um einen Grabstrauß zu bestellen. Der Blumenhändler fragt den Mann: »Was soll denn auf den Schleifen draufstehen?« Dem Mann fällt gerade nichts ein, und er sagt: »Na, schreiben Se einfach ›Ruhe sanft‹ uff beede Seiten.« Am Tag der Beerdigung holt der Mann den Strauß ab. Und was steht drauf: »Ruhe sanft auf beiden Seiten«. Es kann also immer noch schlimmer kommen.

Neulich ...

... an der Stange

Berliner Gören, Steppkes, Racker, Rangen, Kids – kurz Kinder
– machen oft seltsame Dinge. Vor ein paar Tagen sitze ich in
der S-Bahn, kommt da ein etwa achtjähriger Junge herein und
beginnt an der Haltestange rumzuturnen. Die Mutter will ihn
weiterziehen, er sagt: »Nee, ich möchte aber an der Stange Geld
verdienen!« Die Mutter zuckt mit den Schultern, greift zum
Handy und lässt den Jungen seine Schaukeleien und Umdre-
hungen machen.

An der Stange Geld verdienen? Moment mal, da fällt mir
eigentlich nur eins ein: Pole Dance, also Stangentanz, meist
erotischer Natur. Woher hat der Junge das? Von der Mama?
Sorry, dass ich grüble. Mit acht Jahren hätte ich höchstens an die
Rutschstange der Feuerwehr gedacht, aber nicht an so was.

Tags darauf eine andere Szene. In Ostkreuz steigt eine Gruppe
kleiner Kinder in die Bahn, vielleicht Erstklässler. Zwei Jungen,
der eine mit Locken, der andere mit Sommersprossen, ruckeln
sich mir gegenüber auf einem Platz am Fenster zurecht. Wir
nähern uns dem Ostbahnhof. Die beiden Jungen gucken aus dem
Fenster und beginnen mit leisen Stimmen ein Stadt-Gespräch.

Lockenkopf: »Guck mal, ein Hochhaus. Ich will nie in einem
Hochhaus leben. Da kriegt man keinen Parkplatz.« – Sommersprosse: »Aber man kann einen bestellen. Mein Opa wohnt auch
in einem Hochhaus. Der hat einen Parkplatz.« – »Was willst du
mal für ein Auto?« – »Mein Papa hat einen Vau-weh.« – »Aber
was kaufst du dir für ein Auto?« – »Ich nehm' das von meinen

Eltern.« – Ich nehm' einen Be-em-weh. Da können wir dann so durch die Stadt fahren.«

Die Bahn zuckelt zur Jannowitzbrücke, an den drei Glasgebäuden vorbei, in denen die BVG sitzt. Man sieht tief in die Büros hinein, eines davon ist überwuchert mit Grünpflanzen. Lockenkopf: »Schlechte Fenster, schlechte Fenster!« – Sommersprosse: »Das ist ein Arbeiterhaus. Da wohnt man nicht. Da arbeitet man.« – »Was willst du denn mal arbeiten? Ich werde Koch« – »Ich werde auch Koch. Ach nee, ich werde Kellner.« – »Was ist denn Kellner?« – »Das ist einer, der immer alles aufschreibt.«

Ich muss leider raus. Und denke dabei: Aha, ein Kellner also, der im Be-em-weh vorfährt. Vielleicht, weil er in seinem Zweitjob noch ganz viel Geld an der Stange verdient. Männliche Pole Dancer sollen ja im Kommen sein.

Neulich ...

... in der Duden-Redaktion

So mancher mundartliche Begriff steht im Duden, weil er angeblich ein fester Teil der deutschen Sprache geworden ist. »Nipf« (bayrisch), »schlotzen« (schwäbisch) oder »Bützchen« (rheinisch«) gehören dazu. Ehrlich, wer kennt das schon außerhalb der jeweiligen Region? Das Wort »Icke« hatte es bisher dagegen nicht in das Standardwerk der deutschen Sprache geschafft. Dabei kennt man es weit über Berlin-Brandenburg hinaus. Aus diesem Grund ist nur zu begrüßen, dass sich die Duden-Redaktion jetzt entschieden hat, dem Wörtchen einen dauerhaften Platz in ihrem Werk zu geben. Die Aktion eines Berliner Rundfunksenders, unterstützt von Zeitungen, war dem vorausgegangen.

Wenn man irgendwo in Deutschland jemanden fragt, wie er einen Berliner sprachlich charakterisieren würde, kommen garantiert Sprüche wie: »Icke, icke bin Berliinaa!« oder »Icke, dette, kieke mal …« Wo gibt es das noch, dass ein Begriff sinnbildlich für eine ganze Region steht? Und nicht nur das. Die Worte »ick« oder »icke« sind Teil der deutschen Literatur. Sie finden sich in den Werken von Adolf Glaßbrenner, Theodor Fontane, Erich Mühsam, Kurt Tucholsky oder Wolf Biermann. »Ach, ick hab' et mitunter so satt«, schrieb Fontane. Und Tucholsky beklagte angesichts mancher Zustände: »Ick trau mir jar nich hinzusehen!«

Aber so hoch greifen muss man gar nicht erst. Man nehme nur das kleine Lieblingsgedicht der Berliner! Es wird mündlich von Generation zu Generation weitergetragen. Jeder kennt es ein bisschen anders. Mein Opa hat es mir wie folgt übermittelt:

»Ick sitz' am Tisch und esse Klops.

Uff eenmal klopp's.

Ick kieke, staune, wundre mir,

Uff eenmal jeht se uff, de Tür.

Nanu denk ick, ick denk nanu,

Jetzt is se uff, erst war se zu?

Ick jehe raus und kieke.

Und wer steht draußen? – Icke!«

Icke! Jawoll! Eine ganze Geschichte endet in einem einzigen zentralen Wort. Das kann kein Zufall sein. Und ist es auch nicht.

Denn dieses »Icke« ist weit mehr als das dürre plattdeutsche »Ik«, aus dem es einst hervorgegangen war. Ja man kann sogar sagen, dass es eine in Deutschland einmalige Form ist. Das liege am Einfluss, den die französischen Besatzer in Zeiten der Napoleonischen Kriege auf das Berlinische genommen haben, schrieb einst Ewald Harndt, Autor des Büchleins »Französisch im Berliner Jargon«.

So wie der Franzose »je« und »moi« sagt, nutzt der Berliner »ick« und »icke« – was eine besonderes Betonung des Ichs bedeutet. Niemand sagt: »Icke jehe Milch koofen«. Aber durchaus: »Wer muss schon wieder Milch koofen jehn? Icke!« Weit verbreitet waren einst Berliner Wendungen wie »mein janzet Icke« (mein ganzes Selbst), »Wat is mit icke?« (Was ist mit mir?) oder »Als wie icke?« (Meinen Sie mich?).

Ein Dichter beschrieb einst ironisch eine Berliner Bahn-Szene mit typischer Icke-Situation:

»So det Rumjedränge

In der Hochbahnenge

Is for't Publikum een Hochjenuß.

›Hilfe! Ick ersticke!‹

›Frechheit!‹ – ›Als wie icke?‹

›Aua! Jehn Se doch von meinen Fuß!‹«

»Als wie icke« sagt heute wohl kaum jemand mehr. Aber das »Icke« ist noch lange nicht tot. Die Schriftstellerin Tanja Dückers, geboren 1968, schilderte in einem Gedicht die Begegnung mit einem Punk am Alex:

»Ick liebe Dir johlt er plötzlich

icke Dich ooch ruf ich so

leichthin über die Schulter.

Echt? vernehm ich noch

dann bin icke in der S-Bahn
und er unten verschwunden.«

Nein, auch wenn sich vieles verändert im Berlinischen: »Icke«
bleibt! Und jetzt auch im Duden.

Neulich ...

... im Souvenirladen

Mein alter Schulkumpel wollte jüngst für Bekannte ein Berlin-
Souvenir kaufen und ging dazu in einen Laden am Alex. »Lauter
Kokolores« – so fasst er zusammen, was er gesehen hat. »Kannste
jar keem' anbieten.«

Er erzählt was von hässlichen Souvenirtellern und »Plaste-
Bier-Bömbeln anno Willem Zwoo«, von Backförmchen in
Gestalt des Brandenburger Tors, von »lauter Phallussen« in Form
des Fernsehturms und der Siegessäule, von »räudijen Teddys
in Berlin-Pullis« und Schneekugeln aller Art. »So ville bemalte
Mauerstücke, wie se seit Jahren anbieten, kann et in natura jar
nich jeben«, sagt er.

Natürlich findet man in der Stadt auch noch andere Läden, in
denen es handgemachtes Berlin-Spielzeug aus Holz, schönes Design
oder Spezereien wie »Rixdorfer Blutwurst« gibt. Auf der Internetseite visitberlin.de wiederum kann man die bekannten bemalten
Buddy-Bären bestellen. Seltsamerweise wird hier ein rotes Ampel-
männchen mit Kühlschrankmagnet als »Häftling Ampelmann«
bezeichnet. Ein Ampelmann-Häftling? Wie unsensibel!

Mein alter Schulkumpel ist aber längst dabei, nach vorne zu denken. Als möglicher Berlin-Souvenir-Schöpfer. »Da is noch ville mehr drin«, sagt er. Und wir kommen beide ins Spinnen über Souvenirs, die man sonst noch anbieten könnte. Dabei müsste man die aktuellen Probleme Berlins berücksichtigen.

Er schlägt vor: »So kleene Kackhäufchen mit Bärenjesicht und Fähnchen« – »Bah!« – »Naja, von wejen Hundedreck in der Stadt« – »Is klar! Kauft aber keener.« – »Also, ick würd's koofen.«

Nein, mal ehrlich: Wir könnten etwa ein Puzzle herausgeben »Komplettiere die Fassade des Schloss-Neubaus«. Einer verwaltet die Puzzleteile, ein anderer muss sie ihm für teures Spielgeld einzeln abkaufen. Das Geld reicht aber nie aus. Das Puzzle wird nie fertig.

Oder das Strategiespiel »Werde Flughafenchef! Finde die 3 275 Baumängel!« Das würde einen dann monatelang beschäftigen. Am Ende fliegt man – aber nicht mit dem Flugzeug.

Oder die Dartscheibe »Chefplaner«. Man zielt auf sie mit Pfeilen in Fernsehturmform. Wenn man fünf Mal das Rote Rathaus getroffen hat, bleibt der Flughafen Tegel offen. Auch wenn dessen Schließung schon seit Jahren feststeht.

Komplettiert wird das Ganze durch das Würfelspiel »Mensch ärgere dich richtig! Such' die öffentliche Toilette!« City-Klo besetzt! Geh fünf Felder rückwärts! – Café geschlossen! – Würfle sechs Mal und verschwinde dann im Busch! – In einen Haufen getreten!! – Geh zurück auf Los!

Neulich ...

... beim Kaffeetrinken

»Ick kann et nich sehn«, sagt meine über 80-jährige Tante aus Lichtenberg, »wie die da mit die Pappbecher rumrenn'.« Sie meint die Kaffeetrinker auf dem Weg zur Arbeit. Auch das Trinken aus »Kaffetöppen« missbehagt ihr. Nichts gehe über einen schön gedeckten Tisch mit Kaffeetassen, sagt sie. Stimmt, denke ich, und schlürfe dabei aus meinem großen Kaffeetopp, auf dem steht »Ich war's nicht«, um nach diesem kühl-trüben Osterfest endlich wieder wach zu werden.

Jeder Deutsche trinkt im Schnitt 150 Liter Kaffee im Jahr. Auf die 3,5 Millionen Hauptstädter umgerechnet sind das 525 Millionen Liter – das Volumen von mehr als 200 olympischen Schwimmbecken. Kinder sind als Konsumenten natürlich nicht mitgerechnet. Obwohl: Ich kannte mal eine 14-Jährige, die acht Tassen am Tag trank.

Der Berliner sagt »Kaffe«. Dafür wird er oft belächelt. Aber er ist damit tatsächlich näher dran an dem arabischen »qahwa« als die anderen mit ihrem französisch klingenden »Kaffee«. Das Berlinische steckt voll von »Kaffe«-Begriffen. Der alte Berliner hat sehr oft »Kaffedurscht«, aber »nach echtem Bohnenkaffe«, nicht nach »so ner Zichorienbrühe« wie in Notzeiten nach dem Kriege, als man sang: »Für einen richtjen Mann jibt's Kaffeersatz!« Im Originalschlager von 1942 hieß es »keinen Ersatz«.

Für die Kinder gibt's »Muckefuck«. Und zu getrocknetem Kaffee sagt der Berliner »Krümelkaffe«. Manche mögen den Kaffee »türkisch«, also in der Tasse aufgegossen. Filterkaffee ist für sie,

»als wennste 'ne Frau durch'n Schleier küsst«. Dünnen Kaffee nennt man »Lorke«, »Plörre« oder »Blümchenkaffe«, und wenn der Kellner dann fragt: »War der Kaffee gut?« sagt man: »Nich die Bohne!«.

»Kalta Kaffe« ist alles, was den Berliner nicht interessiert oder was er geringschätzt. Und wenn er sich ärgert, sagt er: »Da kommt ei'm ja der Kaffe hoch!« An früheren Ausflugsrestaurants stand übrigens oft »Hier können Familien Kaffee kochen«.

Der Berliner muss sich allerdings – wie alle anderen Nördlinge – klarmachen, dass er von einem Stoff abhängt, über den er nicht selbst verfügt. Dies ist eine historisch heikle Situation. Es ist fast so, als seien die Brasilianer abhängig von einer täglichen Schüssel märkischer Kienäppel-Suppe. Aber vielleicht sorgt der Klimawandel auch dafür, dass wir hier bald selbst Kaffee anbauen. Oder richtiger gesagt »Kaffe«.

Neulich ...

... in der Kantine

Ich stehe in der Kantine, in die wir manchmal mittags gehen. Von hinten aus der Küche ruft's: »Schnitzel ist alle!« Die Frau an der Kasse sagt wie zur Bestätigung: »Es hat sich ausjeschnitzelt!« Es hätte auch heißen können »auskartoffelsuppt« oder »ausjekönichsberjerkloppst« – je nachdem, was gerade »alle« ist.

Und schon sind wir bei einer weiteren Lektion in Berliner Grammatik. Denn das Berlinische ist voll von solchen schrägen

Wendungen: höchst effizient, aber gewöhnungsbedürftig. Das hört längst nicht beim »ausjeschnitzelt« auf.

Der Berliner fragt zum Beispiel nicht: »Sag mal, du hast die Haare so kurz, warst du vielleicht beim Friseur?«, sondern er ruft: »Eh, du hast ja abbe Haare. Biste die Treppe runterjefall'n?« Diese Wendung ist höchst elegant. Man muss sich aber gut vorsehen, wenn man sie benutzt. Es heißt zwar »abbe Haare«, »abbet Bein«, »zue Tür«, aber nicht »ausset Bier«, wenn das Bier im Späti mal ausverkauft sein sollte. Was ja ohnehin nicht vorkommt.

Mit einer anderen schönen Wendung habe ich jüngst jemanden an der Imbissbude irritiert, der mich fragte, ob ich die Pommes mit oder ohne Ketchup wolle. Ich sagte: »mit ohne«. Statt des Satzes »Rudi hat abbe Haare« kann man nämlich auch sagen: »Ej, da kommt ja Rudi mit ohne Haare!«

Würde man nun all diese schönen grammatikalischen Elemente in einem Gedicht verarbeiten, frei nach dem Berliner Groß-Epos »Ick sitz' am Tisch und esse Klops …«, dann klänge das so:

Ick sitz' am Tisch und esse drei
Buletten mit Kartoffelbrei.
Und wat passiert? Du kommst nich druff:
Die zue Tür jeht plötzlich uff!
Ick kiek: Wer humpelt da herein?
Een Knochenmann mit abb'n Bein,
mit ohne Haare uff'n Deez!
Er jeht am Stock und ruft: »Wie jeht's?
Mach dich bereit, et is soweit,
et hat sich auskartoffelbreit!«
Ick rufe »Nee!« und schmeiß' ihm jrob
jleich zwee Buletten an den Kopp.

Der janze Spuk verfliecht im Nu.
Die uffe Tür jeht wieda zu!
Und wer, im allerjrößten Glücke,
frisst unverdrossen weiter? Icke!

Neulich ...

... bei den Stadtgärtnern

»Wie heißt det? Örben, wat? Örben Gardeling?«, fragt meine
über 80-jährige Tante. Ich antworte ihr, dass der Begriff, den
sie da neulich gehört habe, Urban Gardening heiße. Was soviel
wie städtisches Herumgärtnern bedeute. Es handle sich um den
Trend, alle freien Flächen in der Stadt zu bepflanzen. Ich erzähle
ihr von Stadtgärten wie dem Mauergarten, den Prinzessinen-
gärten, dem Himmelbeet, dem Allmende-Kontor. Oder vom
Wuhlegarten, nicht weit von uns zu Hause, einer interkulturel-
len Beet-Gemeinschaft. Oder von den Nachbarn, die sogar die
kleinen Sandflächen rund um die Straßenbäume zu Mini-Gärten
machen: mit Blumen, Kräutern, ja sogar Kartoffeln. Wenn man
nicht aufpasse, würde auch noch der Fußabtreter vor der Haustür
bepflanzt, sage ich. Schon ein irrer Trend, dieses Urban Gardening.

»Aber eijentlich is det ooch nischt Neuet«, sagt meine Tante.
»Nach'm Kriech ham'se überall Jemüse anjepflanzt, damit die
Leute wat zu fress'n ham.« Es stimmt: Vor 70 Jahren setzte
man allein im Charlottenburger Schlosspark und im Tiergar-

ten 120 000 Tomatenpflanzen, wie ich in einer alten Meldung las. »Wir ham' Brennnesselsuppe jejessen«, sagt meine Tante. »Aba heute? Wat brauchen die Leute mitten inne Stadt Beete? Et kommt doch allet von außerhalb. Et jibt ja sojar im Winta Erdbeeren.«

Ja, man fragt sich schon, was die Leute dazu treibt, dass sie wie irre buddeln, säen, pflanzen und gießen. Und alles auf engstem Raum. Der olle Ur-Berliner liebt zwar »det Jrüne«, betätigt sich als Laubenpieper, macht seine »Radpartie«. Aber das Stadtgärtnern ist vor allem eine Sache der ganz jungen Leute. Ihre Philosophie heißt »Pflanz was!« In der Erde ihres Hochbeets können sie sich ihre Hände mal so richtig dreckig machen und sich die Minze für ihren Mojito selber ziehen.

»Unkraut verjeht nich«, sagt dagegen der Berliner und lässt seinen Hund an den Straßenbaum pinkeln, ob da mühevoll gehegte Blumen wachsen oder nicht. Das Grünzeug kommt in seiner Sprache meist in gewisser Rauheit vor: »Du hast wohl Tomaten uff de Ooren!« – »Nimm deine Birne aus de Latichte, du freche Rübe!« – »Der bekiekt sich längst die Radieschen von unten.« – »Nur die Harten komm' in Jarten!« Manchmal ist der Berliner aber auch »jerührt wie Appelmus«. Kommt selten vor.

Viel zu oft allerdings vergisst er, dass er ja eigentlich selbst ein Grünzeug ist, getreu dem alten Lied: »Denkste denn, denkste denn, du Berliner Pflanze, / denkste denn, ick liebe dir, nur weil ick mit dir tanze?«

Neulich ...

... in Kienberg

Unsere Familie hat jetzt ein neues geflügeltes Wort. Es lautet: »Die sitzen wohl in Kienberg«. Oder, um es berlinisch zu sagen: »Die wer'n Kienberch sitzen«. Entstanden ist der Spruch, als wir Eltern mit den Töchtern und der Omi die Internationale Gartenausstellung besuchen wollten.

Da jeder von uns woanders wohnt, wurde verabredet, dass meine erwachsenen Töchter die Omi am Bahnhof Lichtenberg treffen und dann mit ihr zur Station Kienberg weiterfahren, um gemeinsam zur Gartenshow zu gehen. Leider verpasste man sich in Lichtenberg. Die Kinder fuhren also weiter nach Kienberg, um auf die Omi zu warten, während diese etwas später kam und – wie verabredet – in Lichtenberg auf der Bank saß, um auf die Kinder zu warten. Leider besitzt sie kein Handy.

Die Töchter wiederum taten – statt nach Lichtenberg zurückzufahren – genau das, was nun bei uns zum geflügelten Wort wird: Sie »saßen Kienberch«. Und saßen und saßen und wurden immer panischer: Der Omi war bestimmt was passiert! Diese aber hatte sich längst ein Taxi genommen und war selbst zur IGA rübergefahren. Am Ende kamen wir alle glücklich zusammen. Wenn auch eine Stunde später als geplant.

Nun sagen wir, wenn Leute verschollen sind oder zu spät kommen: »Die wer'n Kienberch sitzen«. Aber fehlt da nicht die Präposition »in«? Nicht unbedingt. Denn der Berliner lässt durchaus mal 'ne Präposition weg. Aber nur in bestimmten

Situationen. »Ick fahr jetzt Alex« – das ist falsch. Aber: »Wir treffen uns Alex« – das kann man sagen. Man kann auch sagen: »Ick steh' Friedrichsfelde«, aber nicht: »Ick warte Weltzeituhr.« Das Ganze hat also was mit Bahnhöfen und Ortsnamen zu tun.

Der Spruch »Die wer'n Kienberch sitzen« kann übrigens auf viele Berliner Situationen angewendet werden. Hier ein kleines Gedicht:

Wenn de Hütte brennt und prompt
Funken sprüh'n aus allen Ritzen
und de Feuerwehr nicht kommt,
na, denn wird' se Kienberch sitzen!

Wenn de dir den Steiß mal brichst,
stöhnst und jammerst, kommst in't Schwitzen
und du keenen Dokta krichst,
na, denn wird er Kienberch sitzen!

Wenn in Schönefeld beim Bau'n
allet schläft – jut' Nacht, ihr Mützen! –
und sich de Probleme stau'n,
na, denn wer'n se Kienberch sitzen!

Neulich ...

... an der Humboldt-Eiche

Der berühmte Berliner Gelehrte und Reformer Wilhelm von Humboldt wäre dieser Tage 250 Jahre alt geworden. Da erinnere ich mich an eine Geschichte, die ich gleich meinem alten Schulkumpel erzählen muss. Eines Tages nämlich führte mich eine kleine Wanderung nach Tegel. Dort sah ich eine knorrige Eiche, über 20 Meter hoch, mit einem Stammumfang von mehr als sechs Metern. Sie hat schon ganz schön viele Jahre auf der Borke. Manche sagen sogar, sie sei 900 Jahre alt.

»Und weißte was«, erzähle ich meinem Kumpel, »die kleinen Brüder Humboldt, die in Schloss Tegel wohnten, haben den Baum die ›Dicke Marie‹ genannt. Weil er sie an ihre beleibte Köchin erinnerte.« – »Dit müssen schon zwee Bratzen jewesen sein«, entgegnet mein Schulkumpel, der sich gut vorstellen kann, wie Wilhelm und Alexander in der Umgebung des Schlosses herumtollten. Wie sie die Köchin ärgerten, an Ästen schaukelten und wer weiß was noch taten. »Max und Moritz war'n sicher nischt dajejen.« Er ist grundsätzlich der Meinung, dass sich große Weltgeschichte so zuträgt, wie es sich ein siebenjähriges Schulkind vorstellt. »Jenauso!«

Aber so lustig, wie mancher glaubt, scheint es in der Jugend der Humboldt-Kinder offenbar nicht zugegangen zu sein. Schließlich gingen in Tegel die strengen Hauslehrer ein und aus. Wilhelm soll schon als 13-Jähriger fließend Griechisch, Latein und Französisch gesprochen haben. Das klingt eher nach dunklen Augenringen vom Studieren als nach Herumtollerei an der alten Eiche.

Nehmen wir nun mal an, die »Dicke Marie« der Humboldts sei wirklich im Jahre 1107 gekeimt, wie bei Wikipedia behauptet wird. Dann wäre die Bekanntschaft mit den Humboldt-Brüdern ohnehin nur ein kurzes Blätterrauschen für sie gewesen. Genauso wie der Besuch Goethes, der 1778 unter ihr stand. Und bis dahin hätte sie gewiss auch schon etliche andere Namen gehabt: »Krumpelige Kunigunde«, »Stolze Edelgard«, »Holde Hannelore« …

»Man muss sich mal in so'ne Eiche rinversetzen«, sagt mein alter Schulkumpel. »Für die sind ja fuffzich, sechzich Jahre jarnischt. Oder Jahrhunderte. Eben hat noch 'ne Ritterrüstung unter dir jeklappert, und schwupps fliegt dir 'ne Drohne um't Jeäst. Aus'm Oorenwinkel siehste jrad noch die kleenen Humboldts wegloofen, und schon kommt Mista Harmsen anjestapft. Wie in so 'nem überdrehten Stummfilm.«

900 Jahre – mein Gott!, denke ich. Die junge Eiche muss im Blätterwald noch was von Kreuzzügen, Albrecht dem Bären und der Gründung von Berlin-Cölln erfahren haben. Wenn Bäume sich überhaupt für so was interessieren, was allerdings fraglich ist. Unsere Eiche wird eher den ganzen Tag über gekeucht haben, wegen des Rauchs der vielen Köhlerfeuer im Wald. Und sie wird Angst gehabt haben, selbst mit verkohlt zu werden.

»Es wär' schon interessant, wenn die Bäume reden könnten«, sage ich zu meinem Schulkumpel. Er darauf: »Nee, dit Jequatsche! Dit wär' jar nich auszuhalten!«

Neulich ...

... am Tor in der Landschaft

Ich hatte in der Nähe des U-Bahnhofs Voltastraße zu tun und lief den Bürgersteig entlang. Plötzlich stand da am Wegesrand ein Tor – ein herrliches Schmuckstück mit großem Bogen, zwei neogotischen Türmchen und Mosaiken, auf denen in verschlungenen Initialen »AEG« geschrieben stand. Es handelte sich um das ehemalige Beamtentor des großen Elektrokonzerns aus dem 19. Jahrhundert. Man konnte rechts und links an ihm vorbeigehen. Mich aber reizte es, mitten hindurch zu schreiten. Leider war da ein – völlig sinnloses – Gitter.

Aber so ist der Mensch. Er stellt gerne Türen in die Landschaft und geht auch gerne hindurch. Vor einigen Wochen zum Beispiel war ich in Mainz, auf einer Reise. Dort sah ich mitten in der Stadt eine einsame Pforte herumstehen, das Gartenportal des ehemaligen Bischofspalastes. Vom ganzen Gelände war seit dem Krieg nichts mehr zu sehen, aber die Tür musste man unbedingt wieder aufbauen. Also bin ich hindurchgegangen.

Es ist wie ein Zwang. Und zwar ein ganz kulturunabhängiger. Das kann man unter anderem in dem Film »Frühling, Sommer, Herbst, Winter ... und Frühling« des südkoreanischen Regisseurs Kim Ki-duk sehen, den ich mir neulich zu Gemüte geführt habe. Ein buddhistischer Mönch lebt dort in einer einsamen Hütte ohne Innenwände. Aber genau vor seiner Schlafstadt steht eine Tür. Was die dort soll, weiß keiner. Man kann rechts und links an ihr vorbeikrabbeln. Aber was passiert? Der Mönch kriecht immer durch seine Tür, auch wenn es ziemlicher Verrenkungen bedarf, weil alles ziemlich eng ist.

Doch man muss erst gar nicht so weit schauen. Als vor Jahren in Zehlendorf auf einem ehemaligen amerikanischen Kasernengelände eine neue Siedlung gebaut wurde, legte man hinter den Häusern Gärten an. Diese sollten keine Zäune haben, sondern Hecken. Von denen sah man aber noch nichts, denn sie mussten erst gepflanzt werden. Doch am Ende jedes Grundstücks stand bereits eine massive Metalltür frei in der Gegend herum. Was haben wir gelacht! Der Berliner sagt: »Du krichst de Tür nich zu!«

Dann sahen wir plötzlich, wie eine Familie sich einer dieser Türen von außen näherte. Sie wollte Leute besuchen, die auf ihrer Schaukel im Garten saßen. Statt rechts und links an der Eisentür vorbei in den Garten zulaufen, blieb sie stehen. Was passierte daraufhin? Der Hausherr stand von der Schaukel auf, lief zur Tür, schloss sie auf und ließ seine Gäste hinein. Danach schloss er sorgfältig seine Tür wieder zu.

Was ist das? Ist das Spießertum in schönster Blüte? Oder haben die vielen Computerspiele mit ihren Familien in Häusern ohne Dächer und Wände schon solche Folgen im Gehirn hinterlassen? Oder ist das einfach nur Berliner Humor?

Kennse den schon: Der Berliner sitzt in seinem Garten und grillt. Da kommt ein Wind auf und bläst ihm in die Holzkohle, dass die Funken sprühen. Dreht der Berliner sich um und ruft: »Tür zu, et zieht!«

Neulich ...

... im Starkregen

Ich will noch ein paar Anmerkungen machen zu dem Wetter, das wir in den letzten Tagen in Berlin hatten. Unerhört! Aber auch nicht ganz untypisch. Denn so viele Begriffe die Inuit für Schnee kennen, so viele haben die Berliner für Regen auf Lager. Es »nieselt« und »pieselt«, »dröppelt« und »pladdert«, »strömt« und »jießt«, »pisst« und »strullt«. Es »schifft wie aus Kannen«, »rejnet Strippen«, »Schusterjungen« und »junge Hunde«. Man »schwümmt weg«, wird »pitsche-« oder »pudelnass« und stöhnt »Mir looft die Suppe den Rücken runta« oder »Ick könnt' ma auswringen«.

Zur Erstausstattung des Baby-Berliners gehört neben Wiege und Nuckelflasche auch ein kleiner Schirm, liebevoll Mini-Knirps genannt. Und fast jeder Berliner hat in einer Ecke seines Flurs eine Sammlung von Schirmen in allen Farben und Größen. Mit verbogenen Gestängen und Löchern im Stoff. Lauter Krücken. Aber stets in Reichweite.

Es gibt sicher auch manchen, der braucht keinen Schirm. Er fühlt sich wetterhart, und sein Spruch lautet: »Ick bin doch nich aus Zucker.« Wenn es aber so kommt wie in den letzten Tagen, dann kann auch er nur noch blubbern und gurgeln. Dann macht er trotzig seine Schwimmstöße und sehnt die Tage herbei, an denen es nur ab und zu mal 'ne »Husche« gibt.

Eins ist aber klar: Egal, welches Wetter in Berlin herrscht, ob es heiß, kalt, schwül, bedeckt, nieselig, pieselig oder richtig nass ist – gemeckert wird immer. Und wie auf jedes Wetter lassen sich auch auf den nervigen Regen muntere Berlinische Verse machen. Wie folgt:

Du hast dir vaknallt, bist vor Sehnsucht janz krank.
Die Kleene is süß, reinet Jift.
Du willst mit ihr knutschen im Park uff de Bank.
Du jehst aus'm Haus und – et schifft!

Dein Hundevieh zappelt im Flur hin und her,
et muss dringend Jassi, det Biest.
Et jault voller Qual und kann fast nich mehr.
Du rennst mit ihm raus und – et jießt!

Du freust dir uff Party im Jarten bei dir.
Du hoffst, det se keena vajisst.
Der Jrill steht bereit, det Fleesch und det Bier.
Der Tach kommt heran und – et pisst!

Neulich ...

... bei den Sonnenblumen

In dieser Woche habe ich gleich bei uns um die Ecke in der Nebenstraße eine Frau angesprochen. Sie goss Pflanzen, die an Stäbe gebunden waren. Sechs hochgewachsene und drei kleine. Ich freute mich. Endlich sah ich mal die Verursacherin eines der schönsten Anblicke des Sommers in unserer Gegend. Denn bald werden sie wieder blühen, die Sonnenblumen – groß, stolz, mit braun-grünen Röhrenblüten und sommergelben Zungenblüten. Ja, so heißt das nun mal im biologischen Jargon. Vor allem in der Abendsonne bieten die oft übermannshohen Blumen in unserer Nachbarstraße ideale Fotomotive. Die von hinten beschienenen Blüten strahlen dann selbst wie eine Sonne.

»Wow, wie kitschig!« sagte mein alter Schulkumpel, als er die Bilder hinterher sah. »Kannste ja als Kalender vakoofen. Wat rennste übahaupt den janzen Tach mit dem Handy rum und fotografierst? Irgendwann platzt noch deine Festplatte.«

Bestimmt. Aber ich kann nicht anders. Ich bin fasziniert, wenn ich in dieser Stadt auf Schönheit stoße, wie ein Goldgräber, der im Schlamm ein glitzerndes Körnchen findet.

Mein Arbeitsweg führt mich neuerdings täglich am Märkischen Ufer und der Fischerinsel entlang. Hier entdecke ich Berlin ganz neu. Manchmal wähne ich mich fast in Amsterdam, vor allem an der Ecke des Historischen Hafens mit seinen alten Schiffen, die »Andreas«, »Hanseat«, »Libelle«, »Renate-Angelika«, »Aurora«, »Klaus« und »Jeseniky« heißen. Die Ruhe, in der sie daliegen, überträgt sich sofort auf den Betrachter. Ich fragte die Frau bei uns um die Ecke, wie sie auf die Sonnenblumen-Idee gekommen sei. »Ich mache das seit fünf Jahren«, sagt sie und erzählt von der Aktion einer Handelskette: Wer pflanzt die höchste Sonnenblume.

Die steht allerdings nicht in unserer Straße. Gott sei Dank, denn sie würde fast die Häuser überragen. Ein Züchter aus dem nordrhein-westfälischen Kaarst hat nämlich eine Sonnenblume auf mehr als neun Meter hochgetrieben! Mit so einem Monstrum kann man keine schönen Sonnenfotos mehr machen. Dafür bräuchte man ja 'ne Feuerwehrleiter.

Neulich ...

... beim Fahrraddiebstahl

Seid freundlich, Leute! Dann könnt' ihr auch die brenzligste Situation mit heiterer Ironie überstehen! So möchte ich rufen, nachdem ich bei Facebook einen kleinen Dialog gelesen habe. Ein Mann berichtet dort, wie er aus dem Supermarkt kommt und sieht, wie sich ein Fremder an seinem Fahrrad zu schaffen macht. Er stellt sich neben den fummelnden Dieb und sagt: »Oh, Mann, das sieht ja kompliziert aus«. Antwort des Fummlers: »Geht so.«

Mann: »Als Fahrradfahrer sollte man immer das richtige Werkzeug dabei haben.« – Fummler: »Niemand mag Klugscheißer.« – Mann: »Und was machen Sie da genau?« – Fummler: »Wonach sieht's denn aus?« – Mann: »Nach Reparieren. Das hat das Fahrrad sicher nötig.« – Fummler: »Ich repariere nichts, das Schloss klemmt.« – Mann: »Es lässt sich nicht öffnen?« – Fummler: »Nein, sonst wär' ich ja schon längst weg.« – Mann: »Wie gesagt: Man braucht gutes Werkzeug. Hat mein Opa schon gesagt.«

Der Fahrradbesitzer holt eine Tüte Gummibärchen aus seinem Rucksack und bietet dem diebischen Fummler eins an. Mann: »Ein bisschen Stärkung?« – Fummler: »Nein, Danke.« – Mann: »Mit so einer Fummelei wird das auf Dauer nichts.« – Fummler: »Hauen Sie einfach ab!« – Mann: »Kein Grund, so unfreundlich zu sein. Ich wollte nur helfen.« – Fummler: »Kann ich drauf verzichten.« – Mann: »Ja, merke ich auch. Trotzdem würde ich mir gern mal das Schloss ansehen.« – Fummler: »Warum?« – Mann: »Weil ich den Schlüssel dafür habe und wissen will, ob er noch passt.«

»So schnell, wie der junge Mann laufen konnte, brauchte der gar kein Fahrrad«, schreibt der Fahrradbesitzer später auf Facebook, »schon gar nicht meins.« Und er kommt zu dem Schluss: »Einige Dinge kann man mit Freundlichkeit viel besser erledigen.« Vorausgesetzt natürlich, man ist zur richtigen Zeit am Ort des Geschehens und hat gerade einigermaßen gute Laune.

Neulich ...

... im Heim-Kintopp

»Lass uns mal wieder 'n Bier trinken jehn«, sagt mein alter Schulkumpel am Telefon, »wir ham schon lange nich mehr richtig jeredet.« – »Oh je«, antworte ich, »ich weiß gar nicht, wann ich abends mal Zeit habe.« – »Wieso? Zu ville Arbeet?« – »Nee«, sage ich, »ich muss leider einem Vorstadtehepaar aus Portland, USA, bei seiner Dreierbeziehung mit einer Studentin zusehen – in Echtzeit.« Ja, ich gebe es zu. Ich mutiere zum Serienjunkie, so wie viele Leute in der Internet-Ära, wo man rund um die Uhr am Computer TV-Serien gucken kann. Dabei sehne ich mich nach jener Zeit zurück, in der man noch Muße hatte, Filme zu verdauen.

Als Kind ging ich öfter in ein echtes altes Kino bei uns in der Nähe, mit holzgetäfeltem Saal, Glitzervorhang und sattem Ding-Dang-Dong. Die Kinos nannten sich stolz Lichtspielhaus oder -theater. Sie durften auch stolz sein. Immerhin war der »Kintopp« in Berlin mit erfunden worden.

Wenn das Haus ganz klein war, nannte man es »Flohkino«. Wer nur noch ganz vorne einen Platz erwischte, saß in der »Rasierloge« und musste seinen Kopf nach oben strecken, um überhaupt noch was sehen zu können.

Die Filme dauerten anderthalb Stunden und wurden später zu Hause auf dem Hof nachgespielt. Tagelang pirschte ich als Indianerhäuptling Osceola mit rotem Stirnband durch die Büsche, um die Frauen der Bleichgesichter zu erschrecken. Nach dem Vorbild der »Schussfahrt nach San Remo« sauste ich mit dem Fahrrad durch den Wald. Auf unserem Hof liefen sie alle rum: der Plattfuß vom Nil, der große Blonde mit dem schwarzen Schuh, der kleine Muck, Sindbad und der einäugige Zyklop. Als ich einmal mit den Nachbarskindern eine Schlacht aus dem Zweiten Weltkrieg nachspielte (ich hatte einen sowjetischen Film dazu gesehen), beschwerten sich einige Mieter bei meinen Eltern. Ich kann's verstehen, denn es war ja noch gar nicht allzu lange her, dass auf demselben Hof die echten Russen in echten Uniformen mit echten Waffen gelegen hatten.

Heute dagegen wirken Filme kaum noch nach. In Echtzeit sieht man irrsinnigem Treiben zu, etwa einem Blutanalysten der Polizei, der nachts als Serienkiller tätig ist. Oder einem machtgierigen US-Politiker bei seinen fiesen Intrigen. Oder einer Truppe, die mit Hilfe einer universellen Überwachungsmaschine die Welt vor dem Terrorismus retten will. Oder einer englischen Jugend-Clique, die heftig pubertiert, kifft und säuft. Nach jeder Folge zuckt man ungerührt mit den Schultern, macht kurz irgendwas anderes, bis es einen wieder vor die Kiste zieht. Übrigens haben mich meine Frau und meine Töchter angesteckt. Sie sind selber auf dem Weg zur Seriensucht.

Die Serie, die ich aktuell sehe, hat sieben Staffeln mit 61 Folgen – insgesamt 2 867 Minuten. In dieser Zeit hätte ich früher im Kino 30 Mal »Osceola« sehen können. Ich könnte in der gleichen Zeit auch 192 Kilometer wandern, also von Berlin nach Leipzig. Mein Schulkumpel und ich könnten – wenn wir uns für jeden halben Liter Bier eine halbe Stunde Zeit nähmen – zusammen etwa 100 Liter Bier trinken, dazwischen quatschen und 200 Mal auf die Toilette rennen. Um dann am Ende ganz entspannt auf den Notarzt zu warten.

Neulich ...

... in der Kirche

Wenn ich am Märkischen Ufer entlang zur Arbeit gehe, sehe ich auf der anderen Uferseite der Spree zwischen den Häusern eine wunderhübsche Kirche auftauchen. Sie hat eine goldene Spitze, eine Uhr mit grün-blauem Zifferblatt und eine Turmetage mit Glockenspiel.

Es ist die Parochialkirche von 1703. Sie fällt mir vor allem deshalb auf, weil sie erst in den letzten beiden Jahren einen neuen Turm bekommen hat. Früher kannte ich sie nur mit Turm-Stumpf. Ich muss sie unbedingt mal von innen sehen, sagte ich mir, und fuhr hinüber. Ich war aber etwas enttäuscht: rohe Ziegelbögen und ein Eisenkreuz aus alten Rohren.

Hinter der Kirche liegt ein idyllischer kleiner Friedhof. Auf einem Grabstein steht in goldenen Lettern: »Nach des Lebens

Sorgen, / nach des Grabes Nacht, / Tagt ein schöner Morgen / In des Himmels Pracht.«

Kann durchaus sein. Man muss nur dran glauben. Aber mit dem Glauben hat's der Berliner ja nicht so. Gerade mal 27 Prozent der Hauptstädter gehören einer christlichen Kirche an. Für die meisten Berliner – darunter für mich – sind Kirchen vor allem schöne Bauten mit Kunstwerken. In Italien und Spanien kriege ich vor lauter Staunen den Mund nicht mehr zu. »Wat für 'ne Pracht! Kiek ma', is ja 'ne Wucht!« ruft mein innerer Berliner. Aber sonst ist von »Rilljohn« nicht mehr viel übrig. Denn solche Begeisterungsausrufe entringen sich mir auch in Moscheen und Synagogen.

Hört er »Grüß Gott!«, denkt mein innerer Berliner: »Ach Jottchen« oder »Um Jottes Willen!« oder »Jeh mit Jott, aber jeh!« Der Begriff des Glaubens findet sich vor allem in Sätzen wie: »Wer't gloobt, wird seelich«– »Ick gloobe jar nüscht mehr« – »Ick gloobe, uff der S3 is heute Pendelvakehr« – »Dit gloobste doch selba nich!« oder »Er muss dran jlooben« (es geht mit ihm zu Ende). Vor mehr als hundert Jahren machte der Berliner aus dem feierlichen Versprechen des Königs »Das gelobe und schwöre ich« frech: »Det gloobe ick schwerlich«.

»Kannste glauben!«, lautet auch ein Lieblingsspruch des aus Berlin stammenden Fernsehkobolds Pittiplatsch. Gleich nach »Ach du meine Nase!« Aber solche Unarten sind nicht neu. Mein Onkel erzählte, wie er als Kind mit seinem Bruder in der »Rilljohnsstunde« so doll herumalberte, dass ihm der Pfarrer die Bibel »an' Kopp jeworfen« hat. »Ick bin dann einfach nicht mehr hinjejangen«, sagt er. »Mit der Kirche war ick fertig.«

Aber das Glockenspiel der Parochialkirche ist dennoch wunderschön. Ich höre das kleine Konzert der 52 Glocken jeden Morgen auf dem Weg zur Arbeit.

Neulich ...

... vor der Asteroiden-Fassade

»Du spinnst«, sagt mein alter Schulkumpel. Wir sind auf einer Stadttour, ein Bier trinken, und ich zeige ihm eine Hausfassade, nicht weit vom Checkpoint Charlie, an der Ecke Koch- und Friedrichstraße. Unten drin ist der Laden einer Kaffeekette. Die Fassade besteht aus porösen, grauen Steinen mit schwarzen Einschlüssen. Sie sieht ein bisschen aus wie schmutziges Dalmatinerfell.

»Diese Steine sind beim Einschlag eines riesigen Asteroiden entstanden«, erkläre ich. »Der war etwa anderthalb Kilometer groß.« So hat's mir jedenfalls erst jüngst ein Forscher des Naturkundemuseums erzählt. »Blödsinn«, sagt mein Kumpel, »wann is denn mal ein Asteroid in Berlin einjeschlaren?« – »Nicht in Berlin«, sage ich, »sondern in Schwaben, im Nördlinger Ries. Vor 15 Millionen Jahren. Und man hat die Steine dann zum Bauen nach Berlin gebracht.« – »Aha, und die kommen aus'm Weltall?« – »Nö, die stammen von der Erde, sind aber vom Asteroiden geformt worden. Vielleicht ist ja auch Meteoritengestein dabei. Das Ganze heißt jedenfalls Suevit.« – »Sue-wat?« – »Suevit! Lateinisch für Schwabenstein.« Man findet das Zeug übrigens auch am ehemaligen Hauptpostamt an der Monbijoustraße.

Ich erkläre, dass der Asteroid einst im heutigen Schwaben mit einer Kraft von hunderttausenden Atombomben explodierte. Er verpuffte gemeinsam mit großen Teilen der steinernen Erdoberfläche. Eine riesige Glutwolke raste bis in viele Kilometer Höhe. Später kam das Gestein als bunte Mischung wieder zurück – zerpulvert oder zu Glas geschmolzen. Forscher vermuten, dass sich die ganze Masse durch den Kontakt mit Wasser explosionsartig verteilt haben könnte, wie der pyroklastische Strom eines Vulkans, um sich dann als dicke Schicht abzulagern. Das Zeug war schon in der Römerzeit ein beliebtes Baumaterial.

»Plemplem«, sagt mein Schulkumpel. Ich hingegen finde es aufregend, dass man solchen Steinen auch in Berlin begegnet. Es passt gut zu der Tatsache, dass gerade in der Stadt das Endzeitdrama »Acht Tage« gedreht wird, das von einem drohenden Asteroideneinschlag handelt.

Mehr als hundert Jahre ist es her, dass Berlin das letzte Mal vor der Begegnung mit einem Himmelskörper bibberte. Es war der Halleysche Komet, dessen riesigen Schweif die Erde am 19. Mai 1910 durchquerte. Zuvor breitete sich Weltuntergangsstimmung aus. Im Kometenschweif sei Blausäure enthalten, hieß es. Die ganze Menschheit würde vergiftet werden. Viele Leute kauften damals Kometenpillen und Gasmasken, feierten Kometenpartys mit Kometensekt und Kometenwurst. Jemand dichtete: »Mit dem mächt'gen Riesenschwanze, / wie ihn ein Komet nur hat, / geht der Satan gleich aufs Ganze / und versengt die sünd'ge Saat.«

Am Ende passierte gar nix. Wie meist. Wenn man allerdings ins Naturkundemuseum geht, kann man an einem Bildschirm die Simulation eines Asteroiden-Einschlags im Tiergarten sehen. So etwas könnte täglich passieren. Und zwar ohne Vorwarnung. Denn da draußen im All fliegen eine Menge dunkle Brocken rum, die keine Warnleuchten tragen. Dagegen hilft auch keine Helmpflicht. Leute, trinkt mehr Kometensekt!

Neulich ...

... in der Pendelei (1)

»Ick war kürzlich uff 'ne Rentnerreise«, erzählt meine über 80-jährige Tante aus Lichtenberg. »Im Harz. Dort ham' wa ooch'n Bergwerch besucht. Janz früher jab's da 'ne Fahrkunst – so hieß det. Im Schacht. Für de Berchleute, damit se nich stundenlang Leitern klettern müssen. Det wünsch ick mir ooch für unser Haus hier.« Die Tante wohnt nämlich ein paar Treppen hoch. Sie könnte eine Erleichterung dringend gebrauchen.

Die sogenannte Fahrkunst im Bergwerk bestand aus zwei langen Stangen mit Trittstufen in bestimmten Abständen. Während die eine nach oben fuhr, bewegte sich die andere nach unten. Sobald die Richtung wechselte, stieg der Bergmann geschickt von einer Stange zur anderen um – und konnte so in den Schacht ein- oder ausfahren.

Ich stellte mir dieses System vor und plötzlich wusste ich, woran es mich erinnerte: an den Pendelverkehr der S-Bahn. Mein Arbeitsweg besteht nämlich zur Zeit aus einem ständigen Rüberhopsen von einer Stange – sprich: Bahnsteigseite – zur anderen. Die Stationen heißen Köpenick – Karlshorst (hops) – Rummelsburg (hüpf) – Ostkreuz (spring) – Ostbahnhof (flitz) – Alexanderplatz. Eine flachgelegte Fahrkunst.

Klar, es ist Sommer, und da wird überall gebaut. Schienen werden gelegt, Bahnsteige gequadert. Erst vor ein paar Tagen endete bei uns in der Bahnhofstraße die Erneuerung der Straßenbahngleise. Wer im Sommer nicht aus Berlin flieht, muss sich in kurzen Sprüngen durch die Stadt bewegen, an flatternden Sperrbändern vorbei, über provisorische Holzbohlen, durch schmale Umleitungsgassen.

Und was diese ganze Pendelei betrifft, lohnen sich auch wieder mal ein paar muntere Verse:

Et pendelt hin, et pendelt her
im sommerlichen Stadtvakehr.
Die Touris aus Madrid und Rom
wer'n einfach hin und her jescho'm.
Een Mann mit Koffern, Stücker zwee,
will rasch in' Urlaub an die See.
Er schwitzt und schnauft. Doch er hat Pech:
Sein Zuch im Hauptbahnhof – schon wech!
Familien in der Ferienzeit!
Die Bahn is voll, det Strandbad weit.
Jejaule, Meckern und Jeschrei,
Oh, holde Sommer-Pendelei!

Neulich ...

... in der Pendelei (2)

Leser fragen mich, warum ich mich über das sommerliche Verkehrschaos in Berlin lustig mache. Es sei doch überhaupt nicht zum Lachen, dass man ausgerechnet in der Ferienzeit alles gleichzeitig aufreiße – wo doch so viele Touristen in die Stadt kämen und Familien mit Kindern unterwegs seien! Und was sei mit denen, die arbeiten müssten? Wenn man sich über das

Chaos nur lustig mache, lachten auch die Verantwortlichen – und machten dann einfach weiter wie vorher.

Aber dies sei doch Ironie, antworte ich den Lesern. Man müsse auch über die Dinge lachen können. Jawoll! Und mit dem festen Willen, weiter heiter durch das sommerliche Berliner Chaos zu schreiten, begebe ich mich abends auf die Heimfahrt mit Pendel- und Ersatzverkehr. Pah, wär' doch gelacht!

In der überfüllten U2, warm und feucht wie in der Sauna, versuche ich, an einen karibischen Strand zu denken. Funktioniert zwar nicht, aber egal. Heiteren Gemüts absolviere ich das Umsteigen am Alex, trotz einiger Rempeleien. Im Ostbahnhof warte ich 15 Minuten auf den Pendelzug. Man könnte ja auch ein paar Züge mehr einsetzen, denke ich, merke aber sofort, dass solche Gedanken meine gute Laune gefährden.

In Ostkreuz geht es nur in Tippelschritten voran. Alles staut sich. Jemand rammt mir sein Fahrrad in die Hacken. Ich grinse. Gute Laune verlangt Tapferkeit! Nach kleinem Sprint quetsche ich mich in den Ersatzbus rein.

Ein dicker Mann mit rotem Gesicht drückt mich gegen die Haltestange. Er hat eine Begleiterin bei sich und ist auffallend heiter, wahrscheinlich leicht alkoholisiert. »Wiiiir haben ja Zeit! Gott sei Dank müssen wir nicht arbeiten«, sagt er und keckert ein fröhliches Lachen. Seinem Dialekt nach zu urteilen, kommt er aus dem südlichen Teil unseres Landes.

Haha, wie lustig, denke ich tapfer-trotzig. Doch der dicke Mann übertreibt's ein bisschen mit der guten Laune. So wie diese Helau-Alaaf-Menschen, die man manchmal im Fernsehen sieht. Er hat einen Hang zum Infantilen, fast wie ein Vierjähriger.

»Was sagt denn die Tick-tack?«, fragt er seine Begleiterin launig. (»Boah, frag doch einfach nach der Uhrzeit, wie jeder normale Mensch!«, brummt mein innerer Berliner schon leicht angenervt.)

Am Straßenrand steht ein Polizeiwagen. »Die machen da wohl Blitze-Blitze«, sagt der dicke Mann und erzählt von irgendeiner Blitz-Aktion neulich in seinem Kuhkaff. (»Will doch jar keena wissen!«, nölt mein innerer Berliner.)

Der Bus rumpelt durch den abendlichen Verkehr. Die Luft ist zum Schneiden. Kinder quengeln. Ich schwitze. Meine Laune sackt spürbar ab. Wir kommen am Kraftwerk Klingenberg vorbei. Der dicke Mann guckt auf den Schornstein und fragt laut: »Äh, wie hoch ist denn der Kamin? Der hat doch höchstens hundert Meter. Unser zu Hause bringt's auf zweihundert Meter.« (»Klar, du hast den Längsten, du Kaminkehrer!«, höhnt mein innerer Berliner. »Und überhaupt: Wer sagt denn zum Schornstein Kamin?«)

Der Bus hält in irgendeiner piefigen Nebenstraße. Man hätte ja auch direkt vor dem S-Bahnhof halten können, denke ich. Nöö, geht nicht. Alte und Junge, Männlein und Weiblein, Eltern und Kinder müssen sich einen engen Gehweg entlangquälen. Auf dem Bahnsteig sagt die Anzeige, dass der nächste Zug in zehn Minuten kommt. (»Schon in zehn Minuten! Wow! Super«, ätzt mein innerer Berliner.)

Ich habe inzwischen richtig miese Laune, lasse mich auf eine Bank fallen und fluche: »Dit is 'ne Scheiße!«, sehe aber gleich darauf schuldbewusst die Frau neben mir an. Sie antwortet: »Wollt' ich auch grad sagen!«

Neulich ...

... beim Allergietest

Mein alter Schulkumpel ist allergisch. Neuerdings verträgt er kein Hähnchenfleisch, keine Baumwoll-T-Shirts und keine Mohrrüben mehr. Keiner weiß, warum. Eines Tages wird er noch gegen sauerstoffhaltige Luft allergisch sein. Eine blöde Entwicklung!

Auch ich bin ins Ärztehaus zum Allergietest gegangen, weil ich oft etwas verschnupft bin. Die Schwester tat das, was sie am liebsten tut: Leute pieken. Bei mir fabrizierte sie mehrere Reihen von Pieksern auf den Unterarmen und betropfte sie mit irgendwelchen Lösungen. Dabei redete sie. »Man kann jederzeit eine Allergie gegen irgendwas entwickeln. Warum, weiß niemand so genau. Da wird noch viel geforscht.«

Einer der Piekspunkte wurde dick, rot und juckte. »Aha, Hausstaubmilben«, sagte die Ärztin. Und sie riet mir, Milben-Bettwäsche zu kaufen. Das sind Bezüge, die auf Matratzen und Decken kommen, bevor die normale Bettwäsche aufgezogen wird.

Etwa jeder Dritte hierzulande leidet unter irgendeiner Allergie, die meisten unter sogenanntem Heuschnupfen. Hätte man mich früher gefragt: »Sach mal, bist du jejen irjendwat algerisch?«, hätte ich mit den Schultern gezuckt. Das lag wohl daran, dass ich als Kind viel mit Dreck rumgemacht habe, auf dem Hof, im Buddelkasten, im Wald. Während im Westen schon kräftig Gras geraucht wurde – habe ich auf unserem Hof Gras gekaut, bis nur noch ein kleiner dunkelgrüner Klumpen übrig war. An

201

manchen Gräsern hingen kleine saure Herzchen. Die habe ich am liebsten gegessen, wie die anderen Kinder auch. Gewiss bekamen auch wir davon einige Probleme, nämlich Würmer. Aber Allergien waren es eben nicht.

Hausstaubmilben! Ich habe mir die Viecher mal im Internet angeguckt. Sie sehen unterm Mikroskop aus wie schwobbelige Monsterkrabben, sind aber nur ein Zehntelmillimeter groß. Immer noch zu groß, möchte man meinen. Sie fressen Hautschuppen. Und man reagiert auf ihre Ausscheidungen. Die Ärztin sagte, ich solle mich möglichst von Staub fernhalten. Ich kam nach Hause und sagte zu meiner Frau: »Ich brauche nie mehr Staub zu wischen!« Sie antwortete: »Erzähl mal noch einen!« und drückte mir den Staublappen in die Hand. Sie nennt es Hyposensibilisierung.

Neulich ...

... in Clärchens Ballhaus

Freunde luden uns vor ein paar Tagen ein, mit ihnen mal wieder in Clärchens Ballhaus in der Auguststraße zu gehen. Fantastisch, dass wir mitten in der Stadt einen Ballsaal haben, der noch genauso aussieht wie in der Kaiserzeit. Im Obergeschoss liegt ein großer Spiegelsaal, der dem Märchen entsprungen scheint: mit blätterndem Putz, dunklen Holzschnitzereien, einem uraltem Kronleuchter und Spiegeln, die sich an manchen Stellen silbern auflösen.

Im Juli 2017 haben sogar William und Kate, das britische Thronfolgerpaar, mit hundert ausgewählten Gästen einen Abend lang in diesem Saal gefeiert. Das passte recht gut, denn vor hundert Jahren trug so mancher der Ballhaus-Stammgäste ganz sicher ihre Namen, wenn auch in der deutschen Variante: Willy und Käthe. Andere hießen Frieda, Otto, Martha, Hermann, Erna, Max, Bertha und Karl.

Die 25-jährige Clara Bühler hatte 1913 mit ihrem doppelt so alten Mann das Ballhaus gegründet. Von ihr hat das Haus seinen Namen – Clärchen. Sie war auch jahrzehntelang nahezu die alleinige Chefin. Vor den Weltkriegen tanzten hier schneidige Offiziere mit ihren Damen. Nach den Kriegen drehten sich die Witwen auf dem Witwenball. In der Zeit der deutschen Teilung trafen sich hier Leute aus Ost und West. Die Stasi war immer mit dabei und nannte das Ballhaus »Tripperhöhle«.

Während wir also saßen, tranken und tanzten, dachte ich über all das nach – vor allem auch an die intimen Kontaktanbahnungen, die in Clärchens Ballhaus zur Genüge stattgefunden haben müssen. Und plötzlich platzte ich heraus: »Wir sitzen hier also in Bärchens Knallhaus«.

Meine Frau lachte gleich los. Denn sie ist eine echte Berliner Pflanze und mag Wortspiele. Solche gibt es in Berlin ja zur Genüge. Schon der olle Dichter Adolf Glaßbrenner machte aus der Guillotine die »Julejottdiene«. »Null uffs Ferd« stand für »Null ouvert«, was vom Skat kommt. Aus der Oper »Rigoletto« machte der Berliner den »Riegelotto«, aus dem »Freischütz« den »Schreifritz«. Aus dem Schwesterlein wurde das »Lästerschwein«, aus Schöneweide »Schweineöde«. Da kann man nur sagen: »Jawoll ja, sacht Olja!« und »Ach Ernst, ach Ernst, wat du mir allet lernst!« und »Ewald, ach Ewald, fahr mit mir nach'n Spreewald!«

Meine Frau und ich wetteifern übrigens seit Jahren um den schönsten Schüttelreim. Wir haben sogar eine kleine Sammlung davon. Hier ein paar Beispiele aus verschiedenen Anlässen. Der Klimawandel überheizt die Meere: »Warum jetzt der Hai erschlafft, / ist mir völlig schleierhaft.« – Die Bayern erschossen den »Problembär« Bruno: »Droht uns der böse Würgerbär, / gründen wir 'ne Bürgerwehr.« – In Pamplona hetzte man Stiere. Wir waren wieder nicht dabei: »Schrie ich im Kampf mit Stieren? Nein. / Mich schmerzte nur mein Nierenstein.« – Am Ostbahnhof baut man Billigmärkte: »Wenn Waren wie die Pest rosten, / verkauf ich sie als Restposten.« – Die Stärke der Stürme in Deutschland nimmt zu: »Unser guter Curryhahn / flog davon im Hurrikan.« – Im Naturkundemuseum eröffnete man eine Ausstellung mit dem Skelett des T-Rex Tristan. Wir sind froh, solchen Sauriern heute nicht mehr als Fressopfer dienen zu müssen, denn: »Diese bösen Riesenviecher / hatten eine fiesen Riecher.«

Als ein Kollege jüngst in einem Café Butterkuchen kaufte und erzählte, dass er Butterkuchen mit Zucker oben drauf so sehr mag, kam mir plötzlich der Spruch in den Sinn: »Mensch, lass uns einen Kutter buchen, / vollgestopft mit Butterkuchen!« Und mit diesem machen wir dann alle zusammen einen großen Kuchenbasar in Bärchens Knallhaus.

Neulich ...

... in der Dunkelheit

Ein beliebtes Spiel aus meiner Kindheit geht so: Man schleicht sich von hinten an jemanden heran, zieht ihm die Bommelmütze übers Gesicht und ruft: »Berlin ist duster!«

Im letzten Sommer war dies bei uns buchstäblich der Fall. Denn Monteure hatten von vielen Laternenmasten unseres Köpenicker Viertels die Lampen abgebaut. Ein bisschen fühlte ich mich nachts wie ein Städter im finsteren Mittelalter. Leider kam niemand mit der Fackel zu mir geeilt und rief: »Dir wer' ick heimleuchten!« Was heute eine Drohung ist, war nämlich vor Jahrhunderten eine willkommene Hilfe.

Ich wollte wissen, warum man so viele Lampen abmontiert hatte. Ein Nachbar erzählte mir, er habe erfahren, dass »sicherheitsrelevante Defekte« festgestellt worden seien.

»Wat für Defekte?«, mokierte sich mein alter Schulkumpel, mit dem ich darüber sprach. »Hat man die Dinger nich richtich uffjehangen? Zum Glück haste noch keene Lampe uff'n Kopp jekricht.« Er sinnierte weiter: »Vielleicht bestand ooch die Jefahr, det die Dinger Feuer fangen und explodier'n. Stell dir dit mal vor! Flamm'det Inferno!«

Seine Vision war nicht ganz falsch, wie ich später von einem Sprecher der Firma Stromnetz Berlin erfuhr. Dieser teilte mit, dass Ende Juli bei der jährlichen Wartung der Laternen in unserem Viertel 18 sogenannte Gashängeleuchten abgebaut worden seien, weil man bei ihnen altersbedingte »Undichtigkeiten an gasführenden Bauteilen« entdeckt habe, etwa an den Kugelgelenken, die Lichtmast und Leuchte verbinden. Es bestehe die Gefahr eines »Abbrands der Leuchte«. Die Instandsetzung werde eine Weile dauern, denn es gebe für die Sanierung und die Ersatzteile nur noch »sehr wenige Anbieter am Markt«.

Komisch, denn Berlin leistet sich noch immer 36 000 Gaslaternen – mehr als alle anderen Städte der Welt zusammen, wie die Internetseite gaslicht-ist-berlin.de mitteilt. 1826 wurden Unter den Linden die ersten Laternen aufgestellt. Die Gasindustrie breitete sich bald so weit aus, dass man von Berlin als »Gasopolis« sprach. Der Berliner ordnete »den Jas« schnell in seine Sprache ein. Man denke an »Jraf Koks vonne Jasanstalt« oder die Drohung: »Dir dreh ick den Jas ab«. Ein deutlicher Hinweis ist »een Wink mit'n Laternenpfahl«. Die Laterne samt Licht findet sich wieder im Ruf: »Jeh mir aus de Latichte!«

Bis Ende September sollten übrigens alle Leuchten wieder in Betrieb sein. Aber selbst Mitte Oktober konnte noch kein Vollzug gemeldet werden, denn einige Lampen fehlten noch. Währenddessen illuminierte man die Innenstadt fröhlich mit bunten Lichtern beim *Festival of Lights*.

Für alle, die sich durch dunkle Ecken Berlins tasten müssen, hier ein paar tröstende Reime, frei nach einem bekannten alten Kinderlied:

Ick tapse nach Haus, et is dunkel,
Rabimmel, rabammel, rabumm.
Keen Mond, nich mal Sternenjefunkel,
und keene Laterne – wie dumm!
Autsch! – dit war der Bordstein. Ick quäle
mir humpelnd voran mit Jekeuch.
Platsch! – dit war een Jruß vonne Töle.
Ratsch! – dit war een Dornenjesträuch!

Boing! – dit war der Pfahl der Laterne.
Ick fass ma an Kopp und fall' um.
Nu seh ick'n Licht – tausend Sterne!
Rabimmel, rabammel, rabumm!

Neulich ...

... in der dunklen Materie

Deutsche Teilchenphysiker haben jetzt den Reformationstag
– auch als Halloween bekannt – zum Tag der dunklen Materie
erklärt. Wahrscheinlich haben die Forscher zu Halloween sehr
oft böse Erfahrungen mit dunklen Mächten gemacht. So meint
zumindest mein alter Schulkumpel. »Dit is doch allet dunkle
Materje und dunkle Enerjie, wat da zu Hällowien uff de Straßen
rumtobt«, sagt er.

Ich erkläre ihm, dass die Physiker in Wirklichkeit mit diesem
Tag auf etwas aufmerksam machen wollten, das man noch gar
nicht kenne. Man wisse nur, dass es im Weltall irgendwas gebe,
das die Bewegung von Galaxien und Sternen beeinflusse und
Licht anziehe, doziere ich. Es heiße dunkle Materie und mache
den Großteil unseres Universums ... »Klar, du mit deine Astro-
lojie!« unterbricht mich mein Kumpel. »Dit is ja schon 'ne richtje
Berufskrankheit!«

Mein Schulkumpel liebt es, so herumzuflachsen. Ich ja auch.
Und so lasse ich mich wegziehen: von der trockenen Theorie
zur lebendigen Erfahrung. »Kiek ma, wenn ick in'n Keller jeh,

keene Lampe anmache und mir heftig die Birne stoße, denn is dit dunkle Materje!« – »Richtig«, sage ich, »und wenn de dann Licht anmachst und siehst den Blutfleck am ollen Wandregal, dann is das entdeckte dunkle Materie.« – »Ooch helle Materje jenannt. Also müsste nur jemand in't Weltall fliejen und Licht anknipsen.« – »So ungefähr.« Man sollte den Astrophysikern mal einen Tipp geben.

Im Berlinischen kommt die dunkle Materie häufig vor. »Fingernäjel mit Trauerrändern!« – dunkle Materie! Oder wenn's ums Eigentum geht: »Wie? Dir jehört dit? Blödsinn! Mach de Oog'n zu, denn siehste, wat dir jehört!« – dunkle Materie!

In jeder Berliner Wohnung entstehen irgendwann tiefe, unberührte Ecken voller Kisten, Tüten, Dosen, die es gar nicht geben dürfte. Man sieht sie nicht, aber sie ziehen Kilotonnen von Staub an und wirken geheimnisvoll auf die Gravitation der ganzen Wohnung. Dunkle Materie!

Wehe, man stößt, getrieben von Leichtsinn, in diese Ecken vor und beginnt aufzuräumen. »Waas? Da ist ja mein Faschingskostüm von 1969. Ich wusste gar nicht, dass es überhaupt noch existiert.«

Irgendwann einmal waren all diese Dinge in ein Schwarzes Loch gesaugt worden, um dann nach Jahrzehnten wieder zum Vorschein zu kommen. Was übrigens auch Stephen Hawkings These erhärtet, dass nichts für ewig verschwindet.

Neulich ...

... im Grusel-Verlies

Meine Frau wollte nicht mitkommen. »Berlin is oberirdisch ville gruseliger«, sagte sie, als ich ihr mitteilte, dass ich gerne mal ins Berlin Dungeon gehen würde. Dungeon bedeutet Verlies. Das Haus wurde 2013 in der Nähe des Hackeschen Marktes eröffnet und wirbt damit, 800 Jahre düsterer Berliner Geschichte eindrucksvoll darzustellen. Und zwar in Szenen mit Schauspielern.

Man muss wissen, dass ich einst zu jenen Kindern gehörte, die sich schon fürchteten, wenn im russischen Märchenfilm das Gerippe Unsterblich auftauchte. Ich hatte also recht viel »Bammel«, »Schiss« und »Pupenjang« – ein Begriff meines Opas. Später versuchte ich, meine Ängste zu bearbeiten, in dem ich selbst »Knochen-Kalles« und Mumien baute – aus Knete, Textilien und Papier. Die drapierte ich liebevoll in den dunklen Flurecken des Ferienlagers. Das Kreischen der Mädchen habe ich noch heute in den Ohren.

Jetzt konnte ich es wieder hören. Denn die Dungeon-Mitarbeiter ordneten mich beim Rundgang einer bayerischen Schulklasse zu. Ein paar Mädchen klammerten sich aneinander und kreischten ab und zu laut. Es lag aber nicht an mir, sondern am Fahrstuhl des Grauens, der uns – huii – ins Jahr 1390 beförderte, ins dunkle Verlies unter der Gerichtslaube. Bah, plötzlich stand ein blass geschminkter Geist im Raum, und der leuchtende Kopf des Ritters Erich Valke – getrennt von seinem Körper – erzählte dem dummen Bauernvolk – also uns –, dass man ihn beschuldigt habe, die Stadt niedergebrannt zu haben. Soldaten des Kurfürsten hatten ihm den Kopf abgeschlagen.

Später landeten wir noch in der Pestzeit, einem Berliner Folterkeller und einem Geheimen Gericht, das unter anderem eines der bayerischen Mädchen als Hexe anklagte, weil es angeblich nackt auf dem Brandenburger Tor getanzt habe. Ein Junge wurde beschuldigt, gegen die Berliner Modevorschriften verstoßen zu haben. Haha, recht witzig. In der Hohenzollerngruft saß dann die ganze Truppe auf Särgen. Es wurde stockfinster, und die Weiße Frau spukte, die einst Todesbotin der Berliner Royals gewesen sein soll. »Mir ist total schlecht. Ich zittere echt am ganzen Körper«, sagte ein Mädchen.

Das fand ich übrigens interessant. Denn ich saß ja inmitten der Generation, die an perfekte virtuelle Grusel-Animationen gewöhnt ist und Horrorfilme kennt, die einem den Atem stocken lassen. Und die kann sich tatsächlich noch zu Tode erschrecken, wenn plötzlich eine Gardine von einer Luftdüse weggeblasen wird oder jemand in einem angeblich pestverseuchten Raum eine Flüssigkeit (Blut!) durch die Luft sprüht. Oder wenn im Haus des Berliner Metzgers Carl Großmann, der vor hundert Jahren aus Menschen Wurst gemacht haben soll, Gliedmaßen neben Fleischwaren liegen – klar als Kunststoff zu erkennen.

Solange junge Menschen sich noch von Plastik-Geisterbahnen und Live-Theater mit Schauspielern beeindrucken lassen, hat sich die virtuelle Welt noch nicht völlig durchgesetzt. Oder gerade? Weil Fake inzwischen völlig mit Wirklichkeit verwechselt wird?

Ich saß dabei und dachte an ein Liedchen, dass wir als Kinder sangen:

»Warte, warte nur ein Weilchen.

Bald kommt Haarmann auch zu dir.

Mit dem kleinen Hackebeilchen
macht er Leberwurst aus dir.«
Haarmann war ein ebensolcher Serienmörder wie der Metzger
Großmann.

Ich fragte mich, wie es in all den Zeiten wirklich zugegangen sein mag. Man sollte es mal wieder nachlesen. Großmann könnte, wie man heute vermutet, übrigens bis zu 100 Menschen ermordet haben. Dass er sie zu Wurst verarbeitete, wurde nie nachgewiesen.

Alles in allem könnte meine Frau recht haben mit der Bemerkung, Berlin sei oberirdisch viel gruseliger. Dazu braucht es kein Dungeon. Das lesen wir jeden Tag in der Zeitung.

Neulich ...

... bei den Töchtern
Statt eines Nachworts

Ich habe mal wieder meine Töchter besucht, jetzt 28 und 22 Jahre alt. Sie wohnen in einer Art Schwestern-WG mitten in Berlin, in einem Altbau. In ihrer Stube steht der runde Tisch, den ich einst am Straßenrand entdeckt und mit meiner Jüngsten nach Hause geschleppt habe. An der Wand hängt ein Beamer zum Filmegucken. Im Regal sieht man viele Schallplatten. Man möchte es fast nicht glauben. Denn eigentlich geht ja der Trend der Zeit dahin, dass Tonträger immer kleiner und kleiner werden, so dass am Ende die gesamte Rockgeschichte in einem Popel Platz findet. Was übrigens buchstäblich gemeint ist, denn inzwischen werden auch biologische Speichermedien auf DNA-Basis entwickelt.

Die gesammelten Schallplatten zeigen übrigens, dass meine Töchter sich in einem Mix aus verschiedenen Welten wohlfühlen, ob Hightech oder Retro. Das tun viele. Aber eine Frage bewegt mich dabei dennoch: Wie berlinisch sind meine Töchter eigentlich? Wenn ich sie an meinen Köpenicker Großtanten, meinem Opa und der über 80-jährigen Tante aus Lichtenberg messe, dann sind sie überhaupt gar keine Berliner, befürchte ich.

Ab und zu sagen sie zwar bewusst übertrieben Dinge wie: »Pass uff, Freundchen!«, »Dit gloobste nich« und »Dit kannste voll knicken« – was zeigt, dass sie durchaus berlinern können, wenn sie wollen. Ansonsten reden sie meist Hochdeutsch. Allerdings wahnsinnig schnell, mit huschenden, ineinander übergehenden Lauten. Die Folge ist, dass meine über 80-jährige Tante jedes Mal, wenn sie zu Besuch ist, ihr Hörgerät abschaltet. Denn sie versteht gar nichts, nicht mal Bahnhof.

Und eine Freundin aus England, die bei meinen Töchtern zu Besuch war, sagte über die Unterhaltung, die sie hörte: »That's not German!« – Das ist kein Deutsch!

Kein Wunder, denn die Vorstellung vom Deutschen ist in anderen Teilen der Welt immer noch seltsam. Wenn man dort in bestimmten Shows die deutsche Sprache nachmacht, wird gebellt und gehustet, Silben werden gehackt und Laute gespuckt. Dass auch das Deutsche einen schnellen, harmonischen Fluss haben kann, kommt den meisten gar nicht in den Sinn. Die geschnarrten Berliner Bahnhofsdurchsagen (»Ick sare zum letzten Mal: Weg von der Tür!!«) tragen auch nicht dazu bei, das Image zu verbessern.

Doch zurück zu meinen Töchtern. Was sind sie nun? Echte Berlinerinnen oder nicht? Vom Ort der Geburt her schon. Auch von der vorwitzigen Frechheit her, die sie bereits als Kleinkinder an den Tag legten. Zu ihren zärtlichsten Koseworten gehörte: »Papiliii, du gekackerter Sonnenschein«. Eine der beiden sagte mit vier Jahren einmal zur Tante: »Nimm die Brille ab und leg dich auf den Boden. Ich will mich auf deinen Kopf setzen.« Mit ihren frechen Sprüchen könnte man Bände füllen.

Typisch für Berlin sind vor allem die Schnelligkeit, mit der sie durch die Gegend laufen, und ihre leichte Ungeduld, wenn irgendwer zu langsam reagiert. Lange trugen sie urbanes Schwarz, mal etwas gruftig, mal etwas punkig, und man hätte sie sich genauso in New York, Paris oder London vorstellen können. Sie sind ganz selbstverständlich Metropolenmenschen, die gelassen auf die größte Verrücktheit gucken. Nichts kann sie erschüttern und aufregen, außer Ungerechtigkeit. Sie haben ihren Vermieter – ein großes, unsozial agierendes Unternehmen – wegen überhöhter Miete verklagt. Und Recht bekommen. Da staunt man schon, so als Erzeuger.

Meine Töchter sehen Berlin als ihren Hafen, von dem aus sie in die Welt segeln. Von weit draußen aus gesehen ist es eigentlich egal, ob die Berliner »icke« sagen oder nicht. Als meine Töchter das letzte Mal über Dialekte nachdachten, ging es um den Unterschied zwischen ecuadorianischem und chilenischem Spanisch. Beide haben ein Jahr in Lateinamerika verbracht. Und manchmal glauben wir, wenn wir sie per Skype mit dortigen Freunden reden hören, zwei Gaststudentinnen in der Familie zu haben.

In diesen Momenten ist die Welt meines Opas, meiner über 80-jährigen Tante, ja sogar meines alten Schulkumpels unglaublich weit weg. So weit wie eine längst vergangene, in die Historie entschwindende Berliner Folklore. Aber genau das ist sie nicht, sondern sie ist ein wichtiger Farbklecks eines riesigen, vielfältigen, bunten Bildes, das sich Berlin nennt. Und das niemals fertig wird.

Inhalt

Neulich vor dem Zigarettenladen	9
Neulich am Alex	10
Neulich in Motzen	12
Neulich beim nächtlichen Krimi	14
Neulich im Fußballstadion	15
Neulich beim Flirten	17
Neulich bei der Mottenjagd	19
Neulich im Handystress	20
Neulich auf dem Gehweg	23
Neulich auf der Rolltreppe	24
Neulich beim Hausbau	26
Neulich in Sanssouci	28
Neulich am Schwedenfeuer	30
Neulich im Taxi	31
Neulich im Bettenladen	33
Neulich auf dem Trip zum Vesuv	34
Neulich auf dem Parkplatz	36
Neulich beim Brunch	38
Neulich auf der Straße	39
Neulich im Geisterwald	42
Neulich im Salitos-Abteil	43
Neulich auf dem Balkon	45
Neulich aus dem Bahnhofslautsprecher	46
Neulich auf dem Floß	47
Neulich bei den Obdachlosen	49

Neulich am Nachthimmel	51
Neulich während der digitalen Bettflucht	52
Neulich im Halloween-Fieber	54
Neulich in der Heizsaison	56
Neulich auf dem Weihnachtsmarkt	58
Neulich nach der Feier	59
Neulich zur Jahreswende	61
Neulich am Neujahrsmorgen	62
Neulich in der Nachbarsiedlung	64
Neulich in der stinkfaulen Wohnung	66
Neulich in der Kälte	67
Neulich im Hochparterre	69
Neulich nach dem Englischkurs	70
Neulich auf dem Trip nach London	72
Neulich bei der Verkleidungs-Party	73
Neulich bei den Abiturienten	74
Neulich auf dem S-Bahn-Sitz	76
Neulich beim Entenretten	77
Neulich im Großstadtgetümmel	79
Neulich in der Kolonie	81
Neulich bei den Partisanen	83
Neulich beim Live-Escape-Spiel	84
Neulich beim Inder um die Ecke	86
Neulich auf Nachtwache	88
Neulich am Biberfluss	89
Neulich beim Besuch in Chile	91
Neulich am Automaten	93
Neulich beim Arzt	94
Neulich unter Tätowierten	96
Neulich beim Fenster-Streit	98

Neulich auf der Tütchenparade	99
Neulich in den Püttbergen	101
Neulich am Küchentisch	103
Neulich auf dem Mond (1)	106
Neulich bei den Uralten	108
Neulich an der Baustelle	110
Neulich am Glühweinstand	111
Neulich auf der Silvesterfeier	113
Neulich bei den Besserwissern	114
Neulich auf dem Rodelberg	116
Neulich in der Grundschule (1)	117
Neulich in der Grundschule (2)	119
Neulich im Museum	121
Neulich an den Kanälen	123
Neulich beim Griechen	124
Neulich bei der Tante	126
Neulich beim Halt auf freier Strecke	128
Neulich bei einer Forschungsaktion	129
Neulich unterm Krähenbaum	131
Neulich bei der Begrüßung	132
Neulich auf Modenschau	134
Neulich beim Wasserlassen	135
Neulich an der Eisbude	137
Neulich an der Weiche	138
Neulich beim verbalen Schlagabtausch	140
Neulich im Zirkus	141
Neulich im Sanitätshaus	143
Neulich auf dem Fußweg	144
Neulich auf Wanderschaft	146
Neulich auf Marottenschau	147

Neulich beim Besuch eines Lesers	149
Neulich bei den Verschwörern	151
Neulich bei den Brillenschlangen	152
Neulich bei der Feuerwehr	154
Neulich auf dem Mond (2)	155
Neulich beim Altentreff	157
Neulich beim Umsteigen	158
Neulich beim Bahn-Musical	160
Neulich im Kunststoff-Paradies	162
Neulich in der alten Wohngegend	163
Neulich in der Muckibude	165
Neulich vor der Protzanlage	166
Neulich auf dem Friedhof	168
Neulich an der Stange	170
Neulich in der Duden-Redaktion	171
Neulich im Souvenirladen	174
Neulich beim Kaffeetrinken	176
Neulich in der Kantine	177
Neulich bei den Stadtgärtnern	179
Neulich in Kienberg	181
Neulich an der Humboldt-Eiche	183
Neulich am Tor in der Landschaft	185
Neulich im Starkregen	187
Neulich bei den Sonnenblumen	188
Neulich beim Fahrraddiebstahl	190
Neulich im Heim-Kintopp	191
Neulich in der Kirche	193
Neulich vor der Asteroiden-Fassade	195
Neulich in der Pendelei (1)	197
Neulich in der Pendelei (2)	198

Neulich beim Allergietest	201
Neulich in Clärchens Ballhaus	202
Neulich in der Dunkelheit	205
Neulich in der dunklen Materie	207
Neulich im Grusel-Verlies	209

Der Autor

Torsten Harmsen, geboren 1961 in Berlin, lernte Schriftsetzer und studierte Journalismus. Seit 1988 arbeitet er als Redakteur in der *Berliner Zeitung*, zuletzt im Feuilleton und im Wissenschaftsressort. In seinen bisherigen Büchern »Papa allein zu Haus« und »Die Königskinder von Bärenburg« verarbeitet er den Alltag als Vater zweier Töchter und erzählt die Geschichte der deutschen Teilung als modernes Märchen. In seinen wöchentlichen Glossen in der *Berliner Zeitung* betrachtet er die Hauptstadt aus der Sicht eines Ur-Berliners.

Berlinern auf den Mund geschaut

Matthias Zimmermann
Die Berliner Schnauze
Die besten Sprüche, Schimpfwörter und Redensarten
ISBN 978-3-8148-0207-7
9,95 €

Die Hauptstädter sind berühmt-berüchtigt für ihre schnoddrige Schnauze und ihre unnachahmliche Schlagfertigkeit in jeder Lebenslage: Vom Essen und Trinken bis hin zur Alltagsphilosophie, vom Kompliment bis zum deftigen Fluch.

Matthias Zimmermann wirft einen Blick auf typische Berliner Redewendungen und erklärt, woher sie kommen und was sie bedeuten. Mit einem Seitenblick auf Witze, Reime, Lieder und Aussprüche ergibt sich ein unterhaltsamer Streifzug durch 200 Jahre Sprachgeschichte.

www.bebraverlag.de

»Eine Liebeserklärung an den Berliner Flughafen Tegel.« *Berliner Morgenpost*

Julia Csabai, Evelyn Csabai
Letzter Aufruf Tegel!
Geschichten vom tollsten
Flughafen der Welt
ISBN 978-3-8148-0214-5
12,– €

»Das Buch ist eine heitere Anekdotensammlung von einer Stadt in der Stadt. Es geht um Menschliches und allzu Menschliches, mit einem sympathischen Hauch von Nostalgie.«
Süddeutsche Zeitung

»Das Buch von den Csabais wird die Herzen von Nostalgikern wärmen.«
Berliner Zeitung

»Zu Wort kommen die Menschen, die den Flughafen am besten kennen, aber fast unsichtbar sind: Kellner, Gepäcksortierer, Putzfrauen und Wachleute.«
FOCUS

www.bebraverlag.de

Stadtgeschichte hinter der Friedhofsmauer

Jörg Sundermeier
11 Berliner Friedhöfe, die man gesehen haben muss, bevor man stirbt
ISBN 978-3-8148-0224-4
16,– €

Friedhöfe sind nicht nur Orte der Trauer. Sie bieten dem Besucher zuweilen auch einfach eine Oase der Ruhe – abseits der großen Parks, in denen man von Skateboardern überfahren wird oder von Musikanten nicht immer angenehm überrascht. Aber einige Friedhöfe können noch viel mehr: Sie bieten Überraschendes und Erbauendes, Verstörendes und Horizonterweiterndes.

Jörg Sundermeier verrät in diesem Buch, welche elf Berliner Friedhöfe man unbedingt besucht haben sollte, bevor man selbst ins Grab sinkt.

»Dort, wohin Sundermeier seine Leser mitnimmt, ist so viel zu entdecken, dass man am liebsten gleich loslaufen würde.«
Lesart

www.bebraverlag.de

Stadterkundungen mit spitzer Feder

Kurt Tucholsky
Westend bis Köpenick
ISBN 978-3-89809-109-1
12,– €

Der Berliner Kurt Tucholsky (1890-1935) kannte seine Stadt wie seine Westentasche. Besonders in den 1920er-Jahren erkundete er schreibend die Eigenheiten Berlins, seiner Einwohner und ihres Mundwerks. Mal mit Augenzwinkern, mal mit satirischer Wut beschreibt er die Vorzüge und Macken der Metropole, das Zentrum der Mächtigen und Möchtegerne von Westend bis Köpenick - ein verblüffend aktuelles Berlinbild.

»Wunderbar, wie uns Tucholsky seine Geburtsstadt Berlin nahe bringt.«
literatur-weimar.de

www.bebraverlag.de